社会工作入门

The Short Guide to Social Work

［英］罗伯特·亚当斯（Robert Adams）著
何欣 译

著作权合同登记号　图字:01-2014-6578

图书在版编目(CIP)数据

社会工作入门/(英)亚当斯(Adams,R.)著;何欣译. —北京:北京大学出版社,2016.3

ISBN 978-7-301-26993-0

Ⅰ.①社… Ⅱ.①亚… ②何… Ⅲ.①社会工作 Ⅳ.①C916

中国版本图书馆CIP数据核字(2016)第045043号

The short guide to social work © Policy Press, 2010
The right of Robert Adams to be identified as author of this work has been asserted by him in accordance with the 1988 Copyright, Designs and Patents Act.
The simplified Chinese translation rights arranged through Rightol Media(本书中文简体版权经由锐拓传媒取得Email:copyright@rightol.com)

书　　　　名	社会工作入门 Shehui Gongzuo Rumen
著作责任者	〔英〕罗伯特·亚当斯(Robert Adams)　著　何欣　译
责任编辑	武　岳
标准书号	ISBN 978-7-301-26993-0
出版发行	北京大学出版社
地　　　址	北京市海淀区成府路205号　100871
网　　　址	http://www.pup.cn
新浪微博	@北京大学出版社　　@未名社科-北大图书
电子信箱	ss@pup.pku.edu.cn
电　　　话	邮购部62752015　发行部62750672　编辑部62753121
印刷者	北京大学印刷厂
经销者	新华书店
	890毫米×1240毫米　A5　8.375印张　177千字 2016年3月第1版　2017年11月第2次印刷
定　　　价	32.00元

未经许可,不得以任何方式复制或抄袭本书之部分或全部内容。
版权所有,侵权必究
举报电话:010-62752024　电子信箱:fd@pup.pku.edu.cn
图书如有印装质量问题,请与出版部联系,电话:010-62756370

缩写检索

A & E 急诊室

ADHD 注意力缺陷多动症

AMHP 注册精神健康治疗师

APL/APEL 先前学习认定/先前经验性学习认定

ASW 注册社会工作者

BASW 英国社会工作者协会

CAFCASS 儿童及家庭法院咨询服务

CAMHS 儿童及青少年精神健康服务

CAT 学分累积及转换

CCW 威尔士照顾委员会

COP 行为准则

COS 慈善组织会社

CPPIH 患者及公众参与委员会

CQC 照顾质量委员会

CRB 犯罪记录管理局

CSCI 社会照顾监督委员会

CSSI 照顾及社会服务监督委员会

CSV 社区服务志愿者

DCSF 儿童、学校和家庭部

DH 健康部

DHSS 健康及社会服务部

DHSSPS 健康、社会服务及公共安全部

ECHR 欧洲人权宣言

EU　欧盟

FCWO　家庭法院福利服务

GP　全科医生

GSCC　社会照顾委员会

HCC　健康照顾委员会

HIW　威尔士健康照顾监督委员会

IASSW　国际学校社会工作协会

IFSW　国际社会工作者联盟

IT　信息技术

LINks　本地参与网络

NAW　威尔士国家议会

NHS　全民健康服务

NISCC　北爱尔兰社会照顾委员会

NOS　国家职业标准

NTA　全国物质滥用治疗局

PCT　基本照顾信托

PLO　实务学习机会

RQIA　北爱尔兰质量监督管理局

SCRC　苏格兰照顾管理委员会

SEN　特殊教育需求

SfC　照顾技能

SSC　行业技能委员会

SSLP　确保开始地方项目

SSSC　苏格兰社会照顾委员会

Topss　个人社会服务培训机构

UCAS　英国大专院校招生委员会

UNCRC　联合国儿童权利公约

WAG　威尔士议会政府

本书中使用的概念说明

社会工作是协助人们处理生活中各种困境的专业。社会工作者要与处在困境中的人们所带有的社会标签做斗争,这些社会标签时常将他们区别于其他群体,甚至排斥在社会之外。在社会工作助人的过程中,有两个需要引起关注的基本事实。

如何称呼我们的服务对象?

即使在英国,大家都会使用不同的名词去指代与我们一起工作的人们,更不用说在整个西方世界了。在治疗或咨询为主要关注点的领域,案主(client)是常用的词汇,社会工作者也多使用这一概念指代与之一起工作的人们。在健康照顾领域,比如医院,患者(patient)是常用词汇,社会工作者也多使用这一称谓。而在成人社会照顾领域,服务使用者(service user/person who uses services)和照顾者(carer)被广泛使用。此外,在地方政府和公共服务领域中有时也会使用顾客(customer)或消费者(consumer)的概念。在社会倡导领域,还会使用到服务建议者(service adviser)、顾问(consultant)和亲历专家(expert through experience)等名词。上述每一种称谓都有支持者也有批判者。本书主要使用服务使用者和案主这两个名词称呼社会工作的服务对象,这两个名词的选择主要取决于所在的实务领域更接近社会照顾还是治疗领域。

如何看待肢体残障人士、学习障碍和残障?

简言之,如何看待残障人士是一个很难简单回答的问题。因为在社会工作者为肢体残障和有学习障碍的人们服务之前,需要做好充分的准备,以避免有意无意地加强污名化的方式对待他们。从这个意义上讲,这个问题是复杂的。传统上,机构往往将残障人士区别对待,结果导致低估他们的能力。在过去的半个世纪中,残障人士进行了大量社会运动,反对对残障人士的歧视——基于残障的歧视——他们的重要理由之一便是残障不应该决定他们的身份,残障本身是人类一个普遍的经历。

基于残障的歧视不同于性别歧视和种族歧视,因为一个人如果今天没有残障体验,将来可能会有。这意味着一个健全的人未来被当作一个残障人士而受到不同对待,感受并经历残障带来的负面身份认知。进一步而言,一些残障人士认为接受残障服务是污名化的、令人讨厌的,而另一些残障人士则不反对接受残障服务,这种状况取决于服务和他人的态度。

残障的个人模式倾向于将身体或精神损伤单纯看作个人的特征。而残障的社会模式则将个人的残障原因区分为损伤和社会因素造成的障碍,因而残障人士只是与其他人士不同,也许略有能力差异。

本书意识到这些讨论的复杂性。整体而言,"残障人士"(disabled people)的概念多使用于认同并强调社会障碍的情境。有时也会使用比如"学习障碍儿童"(child with a learning disability)的名词去指代适当的情况。

目 录

导　言 / 001

第一部分　社会工作专业知识准备

第一章　社会工作专业介绍 / 007
第二章　有资质的社会工作课程 / 036
第三章　成为一名社会工作者 / 052
第四章　社会工作的组织、法律基础和规范 / 070

第二部分　社会工作实务

第五章　儿童、青少年及家庭社会工作 / 093
第六章　成年社会工作及与健康相关的服务 / 129
第七章　老年社会工作 / 153
第八章　残障社会工作 / 172
第九章　精神健康社会工作 / 187
第十章　团体和社区社会工作 / 208

后　记 / 221
参考文献 / 223
附录：注册社会工作者培训课程结构 / 239
索　引 / 243

导　言

　　社会工作是一个独特的助人专业。它帮助个人和家庭满足其个人和社会需求,在个人和社会环境中扮演桥梁角色。它是众多专业构成的公共服务中的那个"社会性"专业。社会工作的基础是社会正义和公平的原则,在这一原则基础上保护每个人的基本权利,避免不公平对待,使得社会弱势群体得到支持,被排斥群体实现社会融入,让每个人不因为年龄、性别、残障、信仰、文化、地理区位等各种差异而受到歧视。

　　社会工作的目标在于通过增能协助人们获得满足其需求的个别化服务。社会工作可以帮助人们在面临生活困境时获得自信、理解和资源。社会工作者不仅面向个人服务,也与不同的团体(包括家庭团体)、邻里和社区一起工作,将个人状况与社会因素连接起来,从而获得个人目标和社会目标的实现。

　　在过去几十年中,社会工作经历了多次来自政府的政治挑战,以及来自大众传媒的社会挑战。它们将社会工作描绘成人们生活中的恶人,认为如果没有社会工作者世界将更美好。虽然对于社会工作者的负面刻板印象一直存在,但进入21世纪以来,社会工作专业却前所未有的强大。

在英国获得社会工作职业资质需要社会工作本科专业文凭。根据《2000年照顾标准法案》(2000 Care Standards Act)给予社会工作的保护性授权,获得资质的社会工作者可以进行社会照顾登记。

社会工作者要用心处理干预和预防、介入人们的生活和为他们增能间的张力。社会工作创造性地与处在社会弱势地位的人们一起工作,为其提供实践机会,通过提升他们的知识技能,链接社会资源而实现增能。同时,社会工作在运用法律力量介入个人、家庭和社区生活时也面临着挑战,因为个人、家庭和社区层面常有问题需要外力介入以保护儿童和成人,减少和避免伤害。

社会工作是一个需要同时运用个人特质、专业知识、理解和技能的专业。对社会工作者而言,开放、自省、乐于接受新观点和批判都至关重要。成为一个社会工作者是一个实现持续的个人成长与专业发展的好机会。

本书是一个社会工作专业入门者的指导手册。进入社会工作专业是一个同时与自己和他人生活中的主题事件一起工作的过程。本书的基本结构如下:

本书的第一部分主要谈进入一个符合资质的社会工作课程要做的准备。这部分由四章构成,每一章讨论准备过程的一个方面。第一章在具体情境中介绍和描述社会工作是什么,社会工作者做什么。第二章讨论符合资质的社会工作课程包括哪些要素,有哪些基本要求。第三章谈具体关键的过程:如何成为一名社会工作者。这一章重点协助我们澄清准备个人简介和申请社会工作课程的过程。第四章主要谈了一些社会工作如何运作起来的内容,介绍社会工作的法律基础、与相关法律系统的关系,以及服务标准和守则。

第二部分涵盖了社会工作实务的六个具体领域。第五章聚焦儿童、青少年和家庭社会工作。第六章重点介绍成年社会工作以及与之密切相关的健康服务。第七章讨论老年社会工作。第八章介绍残障社会工作。第九章则讨论精神健康社会工作。第十章也就是最后一章,是团体社会工作和社区社会工作概览,主要介绍其共同特征及各自特征。在我看来,这是本书一个恰当的结束方式,因为社会工作实务领域广泛,涉及个人、团体和社区等多个层面。

第一部分
社会工作专业知识准备

第一章 社会工作专业介绍

简 介

本章将明确定义社会工作,并将其置于历史和社会背景中进行阐释。同时将说明社会工作的主要特征、解释它如何满足人们的需求,并确定在实践中社会工作者需要做什么。

什么是社会工作

社会工作是一种现代性专业,它形成于健康和社会服务(social care services)领域,人员众多,蕴含着丰富的一系列社会照顾活动。在此重复使用"社会"这个词,需要我们辨明这些不同"社会"所具有的鲜明属性。

社会照顾服务的系列内容

社会保障(social security)这个词经常被用来指提供给人们的各种货币性福利,也通常用来指退休金或被称为快餐车(上门送餐服务)。**社会照顾**(social care)通常用来指由地方政府直接或间接提供的个体社会服务(在这种意义上,它包括直接提供的服务和很多间接服务,即由地方政府委托给个人、志愿者和独立提供者)。
社会服务(social services)包括一系列儿童、成年人的照顾服务,通过日间服务、居民服务或家庭照顾服务,向个人家庭提供服务。(主要内容见表1.1)

表1.1 主要的成年社会照顾服务一览

服务类型	具体内容
儿童和家庭	家庭社会工作服务 家庭支持 儿童安全保护 5岁以下的儿童服务 儿童照顾 儿童收养后的监护 儿童特殊服务 残障儿童 儿童特殊教育需求(SEN) 青年服务
成年人脆弱群体	防止成年人处于、经历或被虐待的服务
听力障碍或耳聋	国家听力框架(National Audiology Framework)中提供的服务
眼盲和视觉障碍	为视力有问题或盲人群体提供服务
残障人士	为残障人士提供服务
自闭症	为自闭症倾向的人提供服务
学习障碍	为学习障碍的人提供服务
倡导	倡导人们自我服务
精神健康	精神健康问题服务
精神能力	根据2005年《精神能力法》(Mental Capacity Act),保护失能人员的权利
住房	提供住房满足人们的需求

很难准确地说从事社会照顾的人员具体有多少人，但一份比较权威的估计（Eborall，2005，pp.1-2）大概有922 000人，包括从事教育和健康服务在内的特殊支持职业者160万人，其中61%从事老年人服务，19%从事残障成年人服务，13%从事儿童服务，7%从事精神问题服务。

从事医疗保健的人员总数不超过10%，人数从1998年的1 071 562人（包括701 324名获得资格的临床医护人员）增长到2008年的1 368 693人（包括529 731名获得资格的临床医护人员）（见全国健康服务（NHS）1998—2008年员工主表，www.ic.nhs.uk/statistics-and-data-collections/workforce/nhs-staff-numbers/nhs-staff-1998-2008-overview）。

社会工作的本质

社会工作是一门专业，但这个总称包含了一系列庞大丰富的实务内容。克里（Cree，2003，p.3）认为，对所有从业者、案主和服务使用者来说，社会工作精确的含义不可能只用一段简单的话来阐明。在英国，不同的从业者，不同的地理区域——城市和乡村、福利好的和福利不好的地区、工业和非工业化地区——以及从业者惯用的不同工作方法之间，社会工作都有不同的含义。英国社会工作资格和登记由英国四个不同区域的专业组织（社会照顾委员会（GSCC）（英格兰）、北爱尔兰社会照顾委员会（NISCC）、苏格兰社会照顾委员会（SSSC）和威尔士照顾委员会（CCW））负责，并已逐渐在各自区域获得了认可。

不同的洲和国家，对社会工作有不同的国际认同。然而，社会工作学术理论和实践者都意识到,在"社会工作"这个总的概念之下,开发全球从业者都能展示共享的平台是非常有益的。因此,国际社会工作者联盟(IFSW)和国际学校社会工作协会(IASSW)联合定义社会工作为:

> 从专业上讲,社会工作在人际关系、增能和提高人类福利方面,推动了社会变迁和社会问题的解决。利用人类行为和社会系统理论,社会工作帮助人类与自己的生存环境互动融合,并在这个关键点上进行干预。人权原则和社会正义是社会工作的基础。(IFSW,2000)

6 社会工作经常给人们的生活、个体、家庭和社区带来变化。社会政策制定者和政治家重新审视个人和社会问题,也有可能带来一些社会变化。许多国家的政府都意识到,公民、个人、家庭、社会群体和社区面临的问题非常复杂,而社会工作就是一种专门解决这些问题的学科。在英国和其他许多国家,社会工作起源于人们日益增强、非常重要的一种认识,即有很多做法可以帮助脆弱的个人、家庭,满足其更多的需求和解决生活中的复杂问题,其中有两种特殊的方法——自己帮助自己的方式(传统的自助)和专门机构救助方法(孤儿院、儿童家园、身体残障或学习障碍人群的福利机构、精神病院、老人之家等)。

社会工作是如何产生的?

18世纪末期,在美国和其他包括英国在内的西欧国家,有一种总体倾向,就是把穷人、残障人士、精神病人、罪犯安置在专门机构中。有些人要在机构中待很多年,甚至终生。在18世纪末和19世纪早期,罪犯更多的是被处决或流放到澳大利亚殖民地。

与现代社会工作相关的许多事情都可以追溯到19世纪下半叶的一些慈善活动。20世纪,社会工作的基础个案工作模式,起源于慈善救助暨压抑行乞协会(Society for Organising Charitabe Relief and Repressing Mendicity)(即乞讨),该协会后来成为众所周知的慈善组织会社(Charity Organization Society, COS),该组织于1869年在伦敦成立,其成员大多是各中产阶层的妇女(Stedman Jones, 1971, p.256),目标是鼓励自助,灌输培养虔诚的基督教徒,针对的对象是那些陷入困顿的家庭。慈善组织会社的个案工作者,不是将其工作放在那些已经陷入贫困或腐化堕落而不能自我帮助的人,比如1834年《济贫法修正案》中的监护人,将那些被认为是"值得"或"不值得"救助的人做了鲜明的区分。他们重申和强化了维多利亚时期的价值观念:努力工作、自我救助、声望和节俭。

从更广泛的意义上讲,现在社会工作的不同组成部分可以追溯到那些不同的、在某种程度上又互相关联的历史运动和传统。整本书都只能涉及这些运动和传统的一小部分,但总体来讲,一些重要的历史运动和传统为:

- 问题的原因和解决方法的观念:19世纪末到20世纪早期,西格蒙德·弗洛伊德(Sigmund Freud, 1856—1939)创立了精神分析理论,丰富了社会工作的理论、思路和方法。
- 心理学和社会学,将心理学的方法引入了社会工作。

- 行为和认知心理学,引入了认知行为治疗方法。
- 互助:起源于很多古老社会人们之间的友好团体,经常从事固定、有规则的救助,拿出资金作为一种保险方式,来帮助人们度过艰难时刻,比如疾病、失业或丧葬费用。
- 工人教育组织:这些组织成立于19世纪早期,目的是推动提高知识、理解,帮助个人在工作和社区中取得成就。
- 社区发展:这是一种行动,典型事例是19世纪末伦敦东部的汤恩比馆(Toynbee Hall),致力于改善住房条件,建设一个更卫生、更健康的城市环境。
- 乌托邦社区:提供全能社区,包括从19世纪早期新拉纳克的罗伯特·欧文(Robert Owen),到纽约新厄尔斯维克的西伯姆·朗特里(Seebohm Rowntree)、伯明翰的吉百利家庭(Cadbury family)、赫尔大厦的詹姆斯·雷基特(James Reckitt)和布拉德福附近索尔太尔的提图斯·索尔特(Titus Salt)等企业家和社会先锋人物。

8 我们可以在影响社会工作的诸多事件中梳理出一条主线,三个方面以及围绕其的三个主题:个体处置和诊治、自助、互助和社区发展(见图1.1)。

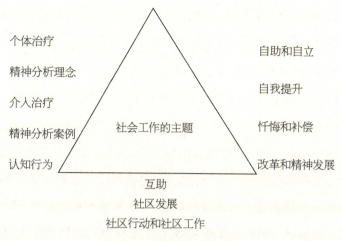

图1.1 社会工作的主题

现代社会工作仍然具有以上三种主题,虽然在21世纪,这些主题具有了不同的标签,比如个人或个体治疗、自我教育和培训、公民参与和增能。简而言之,社会工作就是介绍这三种不同但又相互联系的专业方法——专业人员为人们做事、人们为自己做事以及人们共同做事。社会工作的功能能使公民、个体、家庭、群体和社区应对复杂的个人和社会问题,否则,这些问题就会对他们的生活乐趣和事业产生不利影响。社会工作的不同分支,致力于不同的领域,社会工作者分别从事儿童及其家庭以及成年人的服务。

社会工作可以被看做是领导组织社会的专业。"社会的"这个词,在此用来指人与人之间、人与家庭之间、人与社区之间的相互关系。社会工作"社会的方面"还在于凭借研究和理解社会学和社会政策——社会整体而不是个体研究。社会学的视角起因于研究和批判性的评论,比如社会不平等对人们生活的影响、贫穷、破败的房屋、长期的失业、平等享受教育机会的缺乏、缺少运动和娱乐设施,有时也指社会排斥。社会排斥是用来指一些人不能获得进入某些社会角色、社区、教育和娱乐活动的现象。

世界、欧洲和以英国为基础的社会工作

虽然社会工作在许多工业社会中是一个专业性的事业,但它的特征在各国却并不相同。比如在澳大利亚和新西兰,社会工作与英国很相似,但在其他很多国家,比如苏联,以社区为基础的社会工作支持概念还没有成熟,还没有替代传统的依赖关系。例如,那些身体残障或有学习障碍的儿童,经常被置于机构中管理,这主要是受缺损学(1974年,Lubovsky在莫斯科缺损学院指出它是"有生理缺陷的儿童的科学")这样的理念和概念影响。在一些国家,社会工作还是一门相对年轻的学科。2009年,乌兹别克斯坦大约有270万人口,只有不到200名社会工作者,一些社会工作者是以前在大学接受的教育,而另外一些则是由那些已经被关闭的机构社会工作者培养出来的。在这些国家里,社会工作主要还处于获取资源、支持社区居民的阶段,在那里如果没有社会工作的支持,很多残障、精神疾病、脆弱性儿童和脆弱性人群,一旦现存的医疗和社会支持丧失,将被送入机构中管理。

英国社会工作者

英国约有7.95万名已经登记注册的社会工作者,约有1.59万名社会工作学生,他们大概有四分之三的人在地方政府工作。根据埃博拉尔的英国调查,从2003至2004年,英国约有78%的社会工作者受雇于地方政府(Eborall, 2005, p.2)。在英国,约有四分之三的社会工作者是兼职的妇女。一半的社会工作者服务于儿童

服务机构，剩余的社会工作者中超过一半从事专业性工作，比如在健康、成年人机构工作。社会工作者承担了大约 7.5% 的社会服务。

社会工作的主要特征

社会工作主要有四个特征，这四个特征使它具有了卓越和显著的领导地位：

（1）社会工作凭借范围广阔的环境（即家庭、群体、社区和社会）来理解人们的状况，而不是仅仅关注个体，也就是说并不局限于个体化。

（2）社会工作的根源不仅仅是心理学和人类发展，还在于所有社会科学，比如社会学、哲学、政治性和人类学。

（3）社会工作倡导人类生活和问题的视角，从事消除持续性不平等、歧视、污名化、社会排斥及其产生的原因。

（4）社会工作在很大程度上是有法可依的专业。也就是说，社会工作者是代表国家行使法律职责和权力，承担相关责任：保障、保护和支持公民，增强他们的能力，使人们能够更好地解决自己的问题。在有些情况下，社会工作者强制性地干预人们的生活，比如阻止有些人伤害自己或伤害他人。

社会工作这四个方面的"社会的"特征互相影响。社会工作的这些关键特征使其在人们不确定性的生活中处于核心位置，使它具备了处理个人和社会变迁的潜在能力。

社会工作在社会中的地位

11 　　因为社会工作致力于解决人们的问题,所以它经常承担一些国家对家庭成员的责任——保护家庭成员——这在本质属性上就存在争论。社会工作的专业性是非常重要的,影响到一个家庭成员与其他成员的利益、对生活变化的决策。例如,受虐待的儿童或具有不良嗜好的单亲家庭儿童,在紧急情况下或许不得不由地方政府来照看,以及决定其后是否被收养。

　　很容易理解,社会工作者的专业性在于它的核心需求,不仅能够与人很好地相处,而且能够很好地理解人们生活的历史复杂性,当人们需要时,能够给予适当的建议和策略。

　　因为致力于人们的生活,特别是当人们遇到变革、危机和问题的时候,社会工作是一门非常有前景的专业;但也因为如此,社会工作也是一个具有很强专业要求的学科。社会工作在社会中占有一个显著的地位。有时候,地方政府的决策和专业社会工作的看法存在不同之处。

　　家庭情况经常是复杂的,因此并没有解决问题的固定方法。在有利或不利情况下,人们应该有不同的选择。因此,结果存在很大不确定性,经常不能预测将发生什么。因此,社会工作要在人和社会不确定性中产生作用。

12 　　目前,从事实务者希望:

- 遵循研究的实践基础。
- 具有怀疑的态度。
- 当需要时,要有挑战流行观念的信心,以便于保护那些家庭中的成员——无论他们是残障、精神疾病、单亲父亲或儿童——这些弱势群体。

我们应该将这些措施作为社会工作重要的、积极的指标,可持续性服务效果的必要条件。有很多迹象表明,社会工作的关键性地位已经被政府认识到,其已经在社会学中处于显著位置。这有五个方面的原因:

- 社会工作专业地位已经获得了一个比较高的关注度;
- 社会工作者总数已经有了显著增长;
- 自从20世纪90年代以来,一个以学位水平为基础的资格体系已经纳入社会工作者培育体系;
- 社会工作者岗位资格教育的结构性项目引进,对提高社会工作专业化发展具有很大贡献;
- 社会工作定性、定量研究成果的日益增长,提高了以事实为基础的社会工作实务。

社会工作和满足人们需要

什么是需要?

从最基本的层次上讲(Adams,2008a),人类生存需要非常清晰明确——食物、住所和营养。从需要的比较高层次看,人也需要生活成就的满足和快乐的生活,对此可能没有太大的争议。然而,除了这两种特殊情况之外,就如何描述和满足这些基本需要而言,存在很多可以讨论的内容。早在20世纪40年代,马斯洛(Maslow,

1908-70)就提出了一种多层次需要理论(Maslow, 1943)。

13　　根据五层金字塔模型,从最基本的物质缺乏需要到比较高、更高层次的个人成就提升的需要,其假设是较低层次需要满足后,人们会追求更高水平的需要满足。对社会工作有很大帮助的是需要的清晰层次,20世纪60年代,马斯洛增加了三个需要层次,不仅仅是包括他需要金字塔上的那些通常的内容,而是阐释了更完整的人类需要(见图1.2)。我们从中可以看出人类需要的一个完整图景。

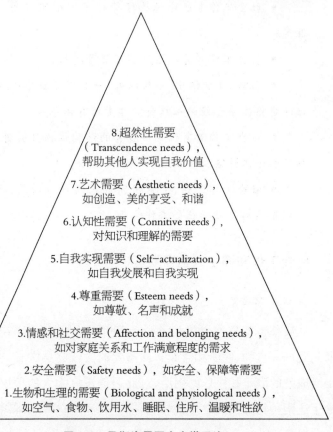

图 1.2　马斯洛需要金字塔理论

需要是相对的,而不是绝对的

个人需要并不是一成不变的,它能够通过专业和相应的反应来评估。个人需要的特征和强度并不绝对,而是根据一些特定情境变化——相对于时间和地点。现代贫困理论区分了绝对贫困(概念和测量方式是根据固定需要水平)和相对贫困(一个不断再结构化的层次,根据占主导地位的期望和生活水平而变化)。比如,一个人的脱贫标准,在英国维多利亚统治时期明显比21世纪标准低。现在,我们很自然地认为,大多数人应该有房子住,有电用,有基本的卫生条件,饮用的是可流动的水。当然,根据当事人自己所处的优劣状况,需要表现很不相同。布拉德肖(Bradshaw, 1972)定义了四种社会需要:

- 规范性需要(normative needs):根据预定的标准进行评估;
- 比较性需要(comparative needs):针对其他人需求情况而形成期望和需求;
- 经验性需要(experienced needs):根据人们自己的经验而不是其他人的需求进行评估;
- 表达性需要(expressed needs):根据个人自己的经验感受明白表示的需要。

简而言之,不仅人类的需要是相对的,是一种社会构建的过程,而且我们所指的需要,很大程度上依赖于我们所关注的焦点。

满足人们需要的整体性方法(Holistic Approaches)

英国社会工作采用了整体性方法来满足人们的需要。"整体"

这个词来源于以上讨论的马斯洛需要理论,是指满足家庭、社会和社区等范围内所有人的需要。参考成年人、儿童和家庭服务,我们可以看到这种理论是如何适应2000年以来政府政策的。

15
- 成年人服务:2007年政府制定政策,推动健康和社会照顾服务(DH,2006),并采用一定方式提供更多的选择和独立性(HM Government,2007)。整体性服务(在一定程度上整合健康和社会服务工作,使用可共享的方法,协调一致达成共同目标)在精神健康服务、姑息治疗(palliative care)(面向长者、病患和有条件者的,以满足需要、最大程度提升生活质量为目标的整体性照顾)、临终关怀和残障等领域获得了发展(见第六至九章)。
- 儿童和家庭服务:在政府儿童事务(Every Child Matters)总体政策感召下,整合健康、教育和社会服务开发,共同致力于促进儿童健康和福利。儿童规划(The Children's Plan)(DCSF,2008)是一个10年发展规划,目标是提高儿童和青少年服务(见第五章)。

需要和权利

如本章开始提到的那样,需要和权利之间存在冲突。社会工作者一般会去挑战或阻止歧视,推动服务平等,保护人们的权利。很多社会工作者经常使用的一种理解和满足人们需要的有效方法,就是基于人权的观点进行社会工作。1948年联合国《世界人权宣言》宣称,所有人都具有基本的权利和自由,不分出身、种族、年龄,无论他们的年龄、种族、出生或其他差异。1990年《联合国儿童权利公约》声称,任何年龄儿童的权利和需要都优先于成年人(令人意外的是,威尔士立法机构通过了《联合国儿童权利公约》,但威斯敏斯特议会并没有通过)。另一种理解方式是提出儿童比成年人更脆弱,儿童的基本需要更容易被忽视,他们的权利更难获得保障。我们发现,1989年《儿童法案》最基本的原则——现代社会工作关于儿童和家庭工作的基石——是儿童和他们家庭的任何决策都应由专业人士制定,必须被置于至高无上的是儿童的福利而不是他们的权利(更多内容见第五章)。

需要的满足:直接支付和个别化

21世纪见证了一项整体性运动,对脆弱性或有需要的个体和家庭来讲,地方福利选择更加多样化。在2008年和2011年间,英国实施了个别化改革。个别化一方面源起于社会工作案主自我裁决的价值观和对人的尊重(Carr, 2008, p.8),另一方面源起于政府在公共领域的现代化进程,1997年掀起运动,十年后达到了新的发展高度(PMSU, 2007)。其中,两个核心原则是:

- 增强公民能力,形成自己的生活;
- 调整服务,适合公民需要和希望。

政府关于成年人社会照顾的出版文件,介绍了社会工作和社会照顾的两个个别化中心原则:

- 让人们自己选择他们需要的服务;
- 确保人们能够控制他们的服务。

对个别化原则并不是没有不同意见,主要有三种批评:

- 给人们选择是政府推卸责任的一种虚假方式,它仍能通过设定总体预算来进行约束,也能通过享受服务的标准来控制哪些人能享受福利。

- 那是一种管理上的需要,对服务使用者而言承担雇佣和管理个人助理的责任是充满压力和挑战的。
- 存在技术困难,比如,规范和检查犯罪记录(犯罪记录管理局(The Criminal Records Bureau)见第三章)、对家庭健康和安全问题负责(如果服务使用者雇用五个以上个人助理时的托管)、监督服务使用者和照顾者所雇用的个人助理的整体培训和国民保险税。

社会工作者做什么?

社会工作实务主要用于人们生活方面的困难、问题和一些矛盾。关于社会工作者做什么和应该做什么,一直存在争论。在社会工作者众多的不同角色中,存在着一些冲突,具体见图1.3,那是一幅关于一组社会工作学生,从讨论到执行的活动挂图。

服务提供者	
思想创造者	风险评估和审查者
调解人	治疗者
小组成员	推动者和增能者
领航者	活动家
顾问	权威和干预者
资源获取者	代理人
服务顾问	信息员
倡导者	评估需求包的设计者
社会照顾系统的设计者	

图1.3 社会工作者的角色

图1.4展示出社会工作实务的连续性,这里突出了三个特殊

关键点。但在实际中,应该有很多社会工作活动应该被放在这一连续体中。

图 1.4 社会工作实务领域

然而,介入、变革和倡导这三点给社会工作者的角色带来了非常不同的特点。

介入工作

社会工作者具有非常重要的责任,必须遵守法律,有时还要将这种责任强加于个人。特别是在儿童、家庭和成年人保护工作案例中,用精神健康法律的力量,防止人们遭受严重的精神疾病或骚乱,以免伤到自己或别人。

变革工作

鉴于社会工作主要是动员和增强人们的能力,以便于改善他们的生活,所以很多社会工作都是在中层方面。这项工作的很多基本因素,都是围绕实践者和案主之间发生的帮助或治疗关系。很多依赖于社会工作(多类型的治疗、任务导向的工作、危机干预、咨询等)的传统角色,都可以归入创新工作、"关系工作"或其他名称之列。

任务导向工作

任务导向工作创立于 20 世纪 60 年代末期(Reid,1963;Red

and Shyne,1969),它主要关注根据服务用户协议的从业者和照顾者,明确解决问题的方式,发现解决问题的短期有效的方法(Reid and Epstein,1972;Doel and Marsh,1992)。

危机干预

危机干预来源于20世纪60年代吉拉尔德·卡普兰(Gerald Caplan)的工作。戈兰(Golan,1978)根据危机概念,建立了危机干预理论和实务。危机发生后,它破坏了个人、小组或机构的平衡,如果不能解决这个问题,将会导致紧张或压力。危机干预包括了一系列不同的行动、诊治,以便于终止危机的爆发,最小化或者预防危机造成的灾难(Adams,2007,p.420)。

咨询

咨询和心理治疗的目的都是帮助人们解决问题,使人们生活更加幸福,从这个方面看,它们是相似的。特里(Terry,1997)阐述了咨询如何建设性地用于老年人及其服务,比如短期咨询(brief counselling)和长期咨询(open end counselling)。短期咨询并不是肤浅表面的,只是由于时间有限。然而,相比较于心理治疗,不得不承认短期咨询还是很表面的(Dryden and Feltham,1992,p.2)。

治疗

社会工作者参与一系列治疗工作。家庭治疗和认知行为治疗是两个被人们最熟知的领域。家庭治疗是治疗工作的一个总称,是将家庭作为一个整体,助其改善生活状态。认知行为治疗是调动人们的思想和感知,促使他们改善自己行为方式的一种治疗方法。简短治疗是另一种被广泛使用的方法,经常用作促使人们迅速改变,解决其面临的问题。生活史工作在儿童、青少年、成年人、身体行动不便和痴呆的老年人等服务工作中是非常重要的。基于对人们的重要程度,它能使人们保存整理记忆、知识、经历,构建生活故事。

它是心理治疗的一个至关重要构成要素,比如帮助人们应对虐待伤痛的恢复。

网络化

网络化是对个体、小组、家庭和社区进行服务时的工作方法总称,它进一步确定了人们之间的联系、相互关系和社会关系,并有目的、有机会地获得增强。作为社会服务的一部分,网络化不仅仅是一个专业工具,而且也是服务使用者和照顾者改善他们生活的一种强而有力的方式。

改善是一种情绪工作

很多社会工作集中关注发生的变化,我们也称之为"情绪工作"。传统上,无论是有报酬还是没有报酬,妇女比男性更多地从事情绪工作。在照顾儿童、成年人以及照顾者角色等方面,无论从哪种程度上来讲,社会工作和情绪工作都存在大量重叠的方面。

霍克希尔德(Hochschild, 1983)首次使用了"情绪工作"这个词,用来指女乘务员在飞行过程中,力图控制乘客情绪的那些行为。詹姆斯(James, 1989)注意到,女孩和妇女具有很强的社会化特征,很容易对其他人产生怜悯。这些研究大多针对的是支付工资的有偿工作。邓科姆和马斯顿(Duncombe, Marsden, 1995)研究了异性恋人之间的关系。他们用表格描绘了这种关系的进程,其中妇女承受了情绪工作的大部分重担。在异性恋人关系早期阶段,男女双方,特别是女性一方,很快坠入爱河,并把他们之间的疑虑置之不理。随着关系的延续,他们的疑问与不同点将慢慢浮出水面,但为了他或她的恋爱对象以及家庭以外的氛围,他们仍可能继续生活在"神秘虚幻"中。虽然已经开始发生冲突并有可能在朋友面前表露出不愉快的情绪,但仍然会高高兴兴地结婚。这时的情绪负担,可能使他们"几次三番地"地在工作、家务劳动和情绪工作中表现出来。

负担持续不断积累,经过一段长的时期,可能会导致关系出现明显伤痕,甚至分手。

根据邓科姆和马斯顿(Duncombe, Marsden, 1995)的理论,上面提到的变化事实,在很多个人或职业场合,妇女承受了更多的情绪工作,将会引发照顾儿童工作的重新安排,以及导致异性恋人阳刚气质的转变。

同时,在一些职业中,性别的差异也明显影响男士或女士所扮演的角色或责任。比如,在儿童福利部门,怎样对待儿童和家庭的社会工作,不同性别在职业表现上有很大不同。下面的例子说明,这些因素是如何在实务工作中表现出来的。

案例:

在管理方面,女性领导很少采用很强男性化的方法管理工作。她可能倾向于鼓励参与者采用开放的和"女性化"的风格,虽然会因部门管理风格不同而不同。在实务方面,这会使影响社会工作者的实践方式和工作风格,包括权威性干预到咨询和倡导等方面。

倡导工作

社会工作者与其他领域人员一样，也从事倡导工作。布兰登（Brandon，1995，p.12）区分了公民倡导（支持弱势人员的一项志愿工作）、伙伴倡导（弱势人员互相支持）和汇集自己共同利益的集体倡导。对此，我们可以增加一种类型——专家倡导，即那些社会工作者、律师、福利权益保护者以及其他专业人士等，代表他们的案主做出的倡导。

菲米斯特（Fimister，1986）指出，福利权益工作者将社会工作者领入了一个更加广阔的领域，有助于其发挥倡导和开展社会行动。这样能够增加对政策和实践的影响，包括游说政策者，与赞同者采取联合行动，或与反福利人员进行辩论。

社会工作具有增能的潜力。为使大多数工作产生效果，增加个体案主、家庭、群体、组织和社区的能力，社会工作者最好先提高自己的能力和水平（Adams，2008b，p.82）。因此，倡导和增能是相互关联的。增能、促进和增强经常被看做是同义词，但增能真正的形式并不包括社会工作者拥有的较多权力或知识，而是在于服务使用者——作为协作者——促进他们建立自己的能力，以便于增强社会行动能力。

我们怎样界定社会工作服务对象？

我们应该注意三个重要方面，这三个方面不仅蕴含在社会工作中，而且还表现在其他专业工作领域。社会工作者经常对一些涉及人的术语产生敏感，并不仅仅是因为他们的专业工作很多都关注支持和保障人们的利益，特别是那些脆弱且缺乏自信需要保护的人。

- 尤其在成年人工作中,一些特殊的词汇并不被多数专业人士喜爱,比如精神病(the mentally ill)和残疾(the disabled)。因为残疾是全部有残障特点的人的总称,然而残疾人(the disabled person)则重点强调个体,指一个因为各种社会赋予的缺失特征而有残障体验的个体。与此相连,"损伤"(impairment)是指身体或精神与其他人不同,"残障"(disability)这个词则强调社会压迫和排斥的含义。

- 像"残疾"(handicapped)、"残废"(crippled)、"有缺陷的人"(defective)、"哑"(dumb)等一些词,过去经常被用于普通的演说,也用于法律或程序性文件。但在英国,这些词语不再用于官方正式文件中,因为那样会被专业人士和残障者视为冒犯。

- 如"人种"(race)等一些词语,使用时经常用引号引起来,用以表明它们隐含的一些可能引发的问题。因为种族(ethnicity)很容易识别,种族概念很容易在时事评论或专业辩论中引来麻烦,尤其是因为它暗指一个人的身份,并与一些具体的词语性关联,如纯粹的种族特征("pure" racial characteristic)、种族纯粹(racial purity)的观念和身份、种族政治和社会信念。

在社会工作文件中,"案主"这个词在30年前被用来指那些社会工作者处理案件中的当事人,现今这个词只是用于以治疗为目的机构中的工作对象。在很多社会工作机构,实践者使用"服务使用者"(service user)或"使用服务者"(person using services)。人们也经常听到"有经历的专家"(expert through experience)、"照顾者"(carer)或在治疗中经常使用非正式照顾者(informal carer)。

社会工作者的品质

在社会工作文献中,经常见到对实践技巧的重视和强调。然而,作为一个社会工作者,个人品质也是一个基本的要求,个人品质比实践技巧更深刻地扎根于社会工作的内涵之中,而且个人品质也比实践技巧更为难得。在社会事业活动中,社会工作者需要什么样的品质呢?布兰登(Brandon)和乔丹(Jordan)列举了具有创造性的社会工作者应该具有的品质(1979, pp. 3-6)。

- 自信,既不自以为是,也不只顾自身安全,而且知道自我的局限。
- 为了案主而自我提升,不对可能犯的错误恐惧,而是能在工作中感受到快乐。
- 灵活的能力,不是"自然而然地做事情",而是在遵守原则的情况下创造性地帮助他人。
- 对身份的敏感能力,能够敏锐地感受到案主可能存在的抵触情绪。

生活的复杂性

即使人类生活经历高度整齐划一(生活历程的一些方面是人类普遍的经历),也会在一些细节方面存在不同。

社会工作者并不像一些专业人员那样,将自己的专业自信建立在技术专业上来处理自然世界,比如结构工程师,他们设计的大桥要能够承载各种天气和交通情况下的重量。社会工作者的实践,作为一个专业性事务,包含了很多人的生活事务。有时候,我们认为,对个人和社会来讲人类理所当然地应该拥有生存的物质资料。人类生活的环境根植于全世界的一些共同经历——生、死和家庭生活。在这些共同的经历中产生的问题,对一些人的影响会比其他人更深刻,可能使他们更加脆弱,需要进行保障,比如精神病人、残障者或具有相似需求的人。

社会工作行为规范的范畴

社会工作来源于几个领域的行为规范,包括心理学、社会学、社会政策、哲学以及相关的伦理学和精神病学。很多社会工作涉及人类生活及其脆弱性的各种问题。这些问题和困难的根源既有社会方面的因素,又有个人的因素。因此,对社会工作决策的争论也涉及一些核心问题,国家向人们提供普遍的还是有选择的社会保障和社会福利以及提供到什么程度,专业社会工作者应该在多大程度上干预人们的生活。换句话说,社会工作不可避免地与社会学和政治学上所争论的问题发生关联。

社会工作者的角色冲突

社会工作专业问题的复杂性和行为规范的范畴,引出了本章的最终观点——社会工作者不得不面对一种困境,一方面是干预,另一方面是创造和增能。干预是地方政府和其他机构(私人、志愿部门和独立部门)提供服务的责任、义务和权利,以及不得不遵循的程序;增能和创造性是使人们发现新的方法,用以管理、应对或改变他们的生活(见图1.5)。

我们能够确定与角色定位三种类型相关的三个主题:程序和法律、关系和改变、能力和独立性。

第一,社会工作者遵循程序,执行法律;第二,社会工作者与案主存在专业方面的关联,并使其改变;第三,社会工作者使人增能,增强人们的能力,获得资源和经验,从而获得独立。

然而,作为一项富有创造性的工作,社会工作看起来有很多矛盾之处,布兰登和乔丹(Brandon, Jordan, 1979, pp. 1-2)认为社会工作者自身固化了一些不利的局限,所以仍需前进。他们应该超越那些苍白、一直所遵循和想象出来的行为规则,勇敢前进。在遵守程序和行为创新性之间存在的紧张,也反映了一个事实,那就是社会工作同时依赖于理性和直觉的方式来理解自己的服务使用者,也就是英格兰(England, 1986, pp. 22-39)所称的用于理解人类的知识和技能的基础。

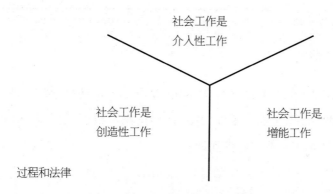

图1.5 社会工作:干预、创新和增能

社会工作是介入性工作	社会工作者代表地方政府，执行法律赋予的权力。具体包括： 代表儿童反对虐待他们的父母； 代表势单力薄的妈妈反对家庭暴力； 确保精神病患者被义务性地收入医院进行治疗； 从危险的家中将脆弱老人转移到当地照顾中心。
"关系和改变"社会工作是创造性工作	社会工作既有循规蹈矩的一面，也有创造性的一面。为了完成社会工作者的义务和职责，需要他们既考虑经验，又考虑人们的期望，这种情况使他们在实践中处于不同的位置。在专业工作中一个明显的特征是分析复杂情况和解决问题的能力，综合不同类型的信息和建议，帮助制定新的方式方法，促使当事人更好地管理自己的事务，或者改变自己的生活状态。从这个角度看，社会工作是情感性的工作，即一种创造性活动，运用专业能力思考问题，分析问题原因，并进行反思（理性），运用自己的经验和感觉，作为一种灵感方式，探索一种解决问题的新方法（直觉）。
"能力和独立性"社会工作是增能工作	权力是一个明显的思路，运用权力使人们感觉压力，或者感觉能力大增。社会工作者的权威——他们的权力——来自四个方面： 他们在社会照顾委员会（GSCC）的注册； 与他们相关的法律、政策和程序； 他们个别化的责任（对他们服务的儿童、家庭和成年人）； 他们的信用。

小结

本章介绍了社会工作的本质，提供了了解社会工作实践的几个不同的基本方面。重要的是，社会工作需要引入很多历史和社会资源，很多资源已经深深地根植于志愿性和公益性运动中，现今世界的社会工作专业是国家控制的活动，其在执行地方政府法律责任和义务、保护儿童、家庭和成年人福利和利益中起到了核心作用。18世纪末期英国和其他西方国家进行的工业化,造成了一种不利于一些人发展的社会环境,这些社会不平等也在20世纪和21世纪早期的后工业社会进一步强化。社会工作者致力于支持穷人、更为弱势的儿童和成年人的持续性服务。社会工作的目标就是使这些人解决自己的问题,保护他们免受伤害。

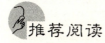 推荐阅读

一般性文本

下面一些基本书籍,介绍了社会工作的基本情况。

社会工作三部曲中的第一部,介绍了社会工作的基本方面:Adams R., Dominelli, L. and Payne, M. (eds)(2009) *Social work: Themes, issues and critical debates* (3rd edn), Basingstore: Palgrave Macmillan.

一本很有用的基础性书籍,包括了社会工作的主要过程、方法和内容:Coulshed, V. and Orme, J. (2006) *Social work practice: An introduction*, Basingstoke: Palgrave.

一本独特的书,来自不同背景和领域的人,一本带有自传体性质的书。其重点强调的是,社会工作没有一个单一、简单的定义,对不同人来讲,社会工作意味着不同的事情:Gree, V. (2003) *Becoming a social worker*, London: Routledge.

这是一本关于社会工作理念、方法和实务非常有价值的参考书,按照字母排列编排的:Davies, M. (ed)(2000) *The Blackwell encyclopaedia of social work*, Oxford: Blackwell Publishers.

一本由简短文章组成的有用的纲要,介绍了社会工作的主要方面:Davies, M. (ed)(2002) *The Blackwell companion of social work*

(2nd edn), Oxford: Wiley-Blackwell.

这本书介绍了从事社会工作学生和实践者的很多思想和讨论:Payne, M. (2006) *What is professional social work?* (2nd edn), Bristol: The Policy Press.

一本很清晰的著作,概括了一些社会工作奠基性的观念,比如价值、技术和实务:Thompson, N. (2000) *Understanding social work: Preparing for practice*, Basingstoke: Palgrave.

历史参考书

一段令人入迷的历史,展示了心理学理念如何影响社会工作的:Agnew, E. (2004) *From charity to social work: Mary E. Richmond and the creation of an American profession*, Chicago, Il: University of Illinois.

一本很好的介绍社会工作一般历史发展的书:Payne, M. (2005) *The origins of social work: Continuity and change*, Basingstoke: Palgrave.

价值

一本介绍社会工作价值、伦理的好书:Banks, S. (2006) *Ethics and values in social work* (3rd edn), Basingstoke: Palgrave.

英国社会工作者协会的伦理准则:(2002) *The code of ethics for social workers*, Birmingham: BASW.

社会工作的基础知识

一本涉及社会工作各方面的书,贫穷、社会排斥、家庭、教育、社区: Cunningham, J. and Cunningham, S. (2008) *Sociology and social work*, Exeter: Learning Matters.

社会工作理论和方法

一本很好的介绍社会工作方式方法的书：Payne, M. (2005) *Modern social work theory* (3rd edn), Basingstoke: Palgrave.

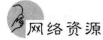网络资源

英国国家社会照顾方面重要的报告：www.cqc.org.un/_db/_documents/SOSC08%20Report%2008_Web.pdf。

社会照顾学院：政府资助的资源，社会工作实务和研究：www.scie.org.uk/publications/index.asp。

关于贫困和协会方面辩论的信息：www.poverty.org.uk。

一份权威性的信息来源，涉及很多相关人员和生活方面：www.statistics.gov.uk。

第二章　有资质的社会工作课程

简　介

教育和培训社会工作者是一个严格且富有挑战性的过程。本章和第三章将介绍如何成为一名职业社会工作者。本章主要介绍成为社会工作者的真正要求,第三章将明确介绍成为社会工作者的过程中一些主要因素。

社会工作专业化教育和培训

在英国,获得专业社会工作者资格的唯一途径就是在高等教育阶段学习,取得职业资格,职业资格是由登记机构(社会照顾委员会、北爱尔兰社会照顾委员会、苏格兰社会照顾委员会、威尔士照顾委员会或其他相关的国家机构)批准。很多课程是本科教育的内容,颁发荣誉学位(honours degree),但有相当多的课程是研究生教育,吸引具有硕士学位资格的人参加。

社会工作者的资格

"社会工作者"这个词,在英国是受《2000年照顾标准法案》保护的一种职业名称,只有那些获得资格并注册的社会工作者才能以社会工作者的名义找工作。英国所有受雇佣的社会工作者,都必须在几个规定的机构中注册登记(社会照顾委员会、北爱尔兰社会照顾委员会、苏格兰社会照顾委员会或威尔士照顾委员会)。社会工作特别工作小组(Social Work Task Force)建议,在完成有资质的社会工作学位学习之后,还必须用一年的时间进行实践,才能获得职业资格。英国社会照顾登记组织负责登记从事社会照顾(包括社会工作)的人,这些人已经获得了相应的资格。申请步骤见表2.1。

表2.1 申请可以获得职业资格的社会工作课程的步骤

步骤	具体内容
制作简历(资质和经验证明)	花时间准备相关学术证明、其他资格证明如驾照、相关工作经验,以满足入学要求
查找	确定适合的学习课程,选择方便的地点、课程的类型(比如,是否专职学习、在职学习或业余学习),或其他方面的内容
申请	填写申请表格
选择	进入选择阶段,选择课程
参与	参与所选的课程学习
录取通知	被告知学习地点和须知
参加检测	通过犯罪记录管理局的审查
开始课程学习	成为一名学生(也许是首次)

犯罪记录管理局的审查是参加社会工作课程学习的一个条件,该审查主要证明个人是否有犯罪历史记录。

申请社会工作者的人很多,下面列举四个例子,说明申请社会工作需要的相关教育、资金和参加志愿活动的经历。

案例 1

唐娜,27岁,具有社会科学学位。她在一家儿童照顾中心做志愿者。

案例 2

卡尔,25岁,曾经在几家小的志愿者机构做过志愿者,现在是地方居民联合会的秘书。

案例 3

梅尔,40岁,在生孩子之前,曾经在邻里儿童和成年人照顾中心工作。

案例 4

科林,50岁,曾经患过精神病,现在照顾别人。

在上面案例中,已经说明了四个人的年龄,年龄通常不是考虑是否适合成为社会工作者或接受社会工作学习的原因,还有以下需要考虑的因素,包括:

- 相关领域的教育课程,比如社会科学;
- 在健康或社会服务机构工作的经验;
- 照顾儿童还是成年人的经验,是有偿还是志愿工作;
- 在志愿部门工作的经验,是有偿还是志愿工作;

- 生养孩子的经验；
- 在社区活动或社区工作的经验，是有偿还是志愿工作。

一般来讲，候选人的年龄，包括只完成第四阶段教育或更多教育、A 等或相等等级的年轻申请人，不仅要展示他们相应的教育、生活或工作经验，而且还有对这些经验进行反思的能力。我记得一个被拒绝参加社会工作学习的人的例子，当问及被拒绝的原因时，得到的回答是考试的标准不是他经历的长短，而是他通过经历思考和学到了什么能力。他得到的评价是：没有显示出从自己经历中学到了什么经验和教训的能力。对这个评价，他说："我有很多年的经历。"

如果希望申请社会工作资格，参加志愿工作也会增加成功的可能性。通过参与志愿工作，可能有利于一个人感知社会工作所需的知识和技能。随着私人、志愿和独立部门的扩张，进一步增加了参与志愿工作的机会。比如社区服务志愿者（CSV）等一些组织，长期提供志愿者岗位。社区服务志愿者制定的一些活动，比如"儿童保护志愿行动"，已经由当地一些政府部门采用，提供了一些志愿者，给家庭带来一些真正的变化（Williams, 2008, pp. 20-1）。

志愿者并非一定要注册为社会工作者，但是社会工作专业的学生，在他们注册职业项目或开始提供职业服务前，必须完成所要求的登记次数。

社会工作职业资格大纲

学生通过英国大专院校招生委员会（UCAS, Universities and

Collegues Adminissions Service)申请社会工作职业资格,在申请前需要联系自己喜欢的大学,查找这些大学执行的社会工作项目及其反映出来的社会工作本质、特征和内容。在英国,职业资格申请基本的要求是,社会工作的学生既能获得本科学位,又能达到社会工作者职业资格所要求的登记内容。本科学生社会工作职业资格要求达到360个学分。一个专职学生需要花三至四年时间(在苏格兰,单一个荣誉学位就需四年时间,但在英格兰和威尔士,一般只需三年时间),不同大学开设不同的全职和兼职课程,包括在职学习课程和混合课程(学习方式更灵活),也意味着需要花更长的时间。在相等课程上学生积累的学分也可以作为相同课程免修的依据(先前学习经历的学分);学分积累和转移,意味着他没有必要重修以前曾经获得的学分。

知识和理解

大学或学院学习提供了获得基础知识和理解能力的机会,具有两种不同的类型:直接和间接(见表2.2)。直接是指在实践中的知识和理解能力,间接是指运用知识和理解能力支持实践。

表2.2 直接与间接的专业知识

直接	间接
人类成长和发展	系统是怎样工作的
社会工作途径和方法	社会工作组织具有什么功能
影响儿童和成年人的法律	社会工作办公的行政事务
福利利益	职业监管的途径
贫困和社会排除	

注:这只是一些例子,并不是一个全面的分析。

实务教育

社会工作职业教育的一个重要部分是实务教育,即在实际工作中学习并经受监督的过程。

实务学习机会(practice learning opportunities,PLOs)一般间隔一段时间进行,分三个阶段,每个阶段各有一次实务学习机会。第一阶段包括"实务适合度"测试,这是早期阶段每个人都要参加的,判断是否适合参加实务实践,或者用以判断在实务中是否可能发生危险。

以机构为基础的实务和以大学/学院为基础的学习都包含这些课程,实务学习被分为不同的时期,或者在一个机构里持续工作一段时间,或者一周参加几天实践而其余时间还是在大学/学院学习。

在机构里的实务实践是社会工作资格课程中必须包括的内容,其学习的时间长短不一。在职业资格学习开始时,通常的实务学习时间比较短,大约20个工作日,在第二和第三阶段的实务学习时间比较长一些(大约需要四至六年,或者与此相等的兼职实务学习时间)。

实务评估人员通常评估学生的每一天或者是实务学习机会的长期督导。当然,也有外部实务教育。学生的督导主要是保障学生能够正确理解社会工作的价值、原则、方法、实践单位的行为规则(英国不同部分登记的管理机构名称不同——见本章最后一部分)、符合国家职业标准(National Occupational Standards,NOS),也就是保证学生在实务学习中能够掌握以上内容。

学生一般使用一张列表,保证能掌握职业标准规定的全部内容,这张表格被称为国家职业标准评估表,或者相似的名称。这张评估表中的内容,通过列举至少一个案例,让学生掌握其中的内容。个人的评估分数,是学生符合职业资格标准的适当和充分证明。

实务学习的评估工作

在每个学习阶段中或阶段末期,需要对学生进行评估,评估方法因课程不同而不同。下面是评估表中可能出现的内容。

实习报告

学生在撰写报告时,需要对实务学习机构进行简要介绍,包括机构组织结构、工作、信条和价值、服务使用者如何参与。报告一般包括学生工作的详细情况、督导记录的案例。

实务学习的反思

学生不可避免地被要求写一份反思实务学习经历的报告,展示自己学习的领悟和运用能力。这里,要求学生学习到的道理不能仅仅停留在回顾曾经做过什么,而是应该包括思考实务学习内容的意义以及其对个人和职业的影响。

学生经常用图示(展示图)方法来帮助自己明确学到的重要内容。比如,学生可以在一张大纸上制作一幅蜘蛛图,用不同的颜色突出不同主题的各个要点。更精致的图形,有利于进一步展示分类之下子类别的学习内容,例如,如果有更多信息和自信,学生会用更多的证据显示自己的学习成果(见图2.1)。

观察性实习

通过观察性实习,学生会被要求提供其他实习知识和技能的证据。观察性实习大概有六个方面,学生需保证最低数目的学习内容(例如四个)。

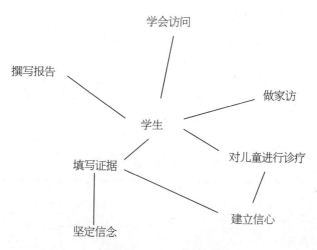

图 2.1　学生实务学习收获(蜘蛛图)

理论与实践相结合的案例学习、评议性反思、反思性学习或整合性实践

要想让学生将理论和实践结合起来,可能还有一系列工作要做。通常要求学生选择一次或多次实践,撰写理论视角和对社会工作方法如何影响实践的报告。

撰写报告要求学生讨论社会工作实践中反映出来的价值和伦理,如何建立反歧视、反压迫的角度,以及理论和实践结合的思路对如何选择服务人的工作中起到什么作用。

在评估学生学习效果时,下面是一些可能用到的标准:

- 展示掌握相关政策的证据;
- 展示正确理解和在实践中能够适当运用法律;
- 展示反思的技巧;

- 表现出敏锐感和自我意识,特别在学生自己学术背景如何影响实务学习方面;
- 展示批判性反思自己实践的能力。

评估实务学习经验

一旦实务学习阶段结束,学生一般须完成整个实习的评估表(见表2.3)。

表2.3 实习经验评估表

实习是否及时开始	是/否
实习是否与预先目标一致	是/否
学生是否预先获得了相关的基本信息	是/否
分配实习的过程中,学生是否很满意	是/否
实习协议是否由学生、督导、评估者和实习老师预先签署	是/否
是否预先制订计划	是/否
有计划的入职培训是否举行	是/否
对入职培训是否满意	是/否
职责和角色划分是否清晰	是/否
学习的需求是否得到满足	是/否
是否有督导	是/否
实习评估是否满意	是/否
其他评论:	

注:该表只是一个参考例子,列举了学生需回答问题的一个列表。

评估和成果标准

学生要做的工作是评估,根据统一的标准进行评估,但也可以像图2.2那样分拆其中的几部分。

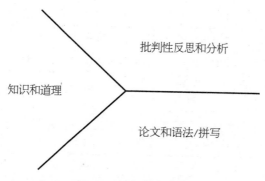

图 2.2 评估指标构成

运用的评估标准,有两种方式:

- 为了取得比较高的分数,学生不得不表现出较高的水平;
- 根据课程进展,要求学生的标准也在提高。首先——评价成效——在于成绩和一般标准,而不是与特殊任务相关的具体标准(见表 2.4)。

表 2.4 学生成绩评定的主要标准

	知识和理解	反思和分析	报告和语法
第一等级 (70%)	知识广博,无知识空白点,具有独特的见解	观念清晰,具有理论性、创造性	条理连贯、表达清晰
二等级上 (60%—69%)	具有很好的理解能力,能够抓住要点	能够很好地运用概念和反思	框架结构清晰、语言准确
二等级下 (50%—59%)	具有很好的理解能力,知识空白点不多	能够比较好地运用概念和反思	框架结构比较清晰、多数时候语言比较准确

续表

	知识和理解	反思和分析	报告和语法
第三等级 (40%—49%)	知识掌握很少,具备基本的理解能力	勉强能够反思和分析	结构框架缺点不多
不及格 (40%以下)	几乎没有阅读和理解能力	缺少反思和分析能力	框架结构不清晰,没有条理

总体而言,学生的社会工作评估的独特因素是截至评估时他们整合归纳以下三个因素的能力:他们学到的知识以及对知识的理解、他们反思和分析的能力、口头和笔头表现自己观点的能力(记录和报告)。

社会工作登记和规范

在英国的四个不同地区,社会照顾工作都被一个独立的机构管理。在苏格兰、威尔士、北爱尔兰,都已经开始进行注册,只是进度不一,但英格兰还没有开始。社会工作者根据社会照顾委员会颁布的实务准则进行实习,社会照顾委员会负责对有资质的和有相关经历的社会工作者进行登记。学生在获得社会工作资格后,才能向社会照顾委员会申请登记。登记包括犯罪记录管理局的审查,只有登记和审查都通过,学生才能到社会工作机构申请实务学习。

价值、原则和伦理规范

比斯特克(Biestek,1961)曾经描述过个案工作的原则,我们可以将他的原则提取整理成五个方面,直到今天,很多社会工作者都在遵从这些原则。

- 个别化:将每个人视为独一无二的个体;
- 接受:接受每个人的特点;
- 价值中立:不对个人进行或对或错的价值判断;
- 自我决定:给人们空间以便于自助;
- 自信:保持信心,也不会突破专业伦理。

虽然更接近于专业执业机构,英国社会工作者协会(BASW)运行管理的方式与商会很相似。一些社会工作者认为可以参加一些其他方面的工会,但社会工作者没有商会类的组织。英国社会工作者协会曾经公布了伦理准则(BASW,2002,p.2),确定了五个基本价值:

- 人的尊严和价值;
- 社会公正;
- 服务人民;
- 正直忠诚;
- 才干。

表2.5对这些准则进行了归纳(BASW,2002a,pp.2-7)。

表2.5 社会工作专业价值与原则

价值	原则
人的尊严和价值	尊重人权、维护尊严、促进社会福利与自治、维护服务使用者
社会公正	贡献资源满足人们的需求,保证公平享受社会服务,促进社会发展,解决结构性不利因素
服务人民	使服务更加人性化,公开告知信息以便于人们反馈意见,保障人们参与,以便于达到自己的目的,保证服务使用者参与进来

续表

价值	原则
正直忠诚	确保私人行为不损坏职业责任的履行,诚实且准确,设置和加强职业约束,避免个别化倾向或与服务使用者、同事之间的私密关系
才干	确保正确使用知识,并进行分享,具备社会工作实践要求的理论和技能,开发才能和职能,在事业发展中注重监管,反思如何解决社会问题,从事评估和研究

社会照顾委员制定了从业者的两条规范,一个是从业者规范,另一个是管理者规范(GSCC, 2002a, 2002b)。

国家职业标准(NOS)

《社会工作的国家职业标准》(Topss UK Partnership, 2004)公布后,具体化了社会工作者的不同角色。《标准》是由个人社会服务培训机构(Topss)出版,该机构于2002年被行业技能委员会(SSC)的一个照顾技能机构代替。

- 苏格兰社会照顾委员会(SSSC):www.sssc.uk.com。
- 威尔士照顾委员会(CCW):www.ccwales.org.uk。
- 北爱尔兰社会照顾委员会(NISCC):www.niscc.info。
- 照顾技能、英国政府部门的机构(SfC):www.skillsforcare.org.uk。

在资格考核时,考核人员将评估以下内容:

- 学生知识和对行业准则的理解;

- 学生成功获得相关国家职业标准有关的主要条款；
- 学生实践。

《国家职业标准》的主要角色,包括价值和执行,都由英国政府部门制定颁布(Topss,2004),并能在网上获得(www.skillsforcare.org.uk 和 www.gscc.org.uk)。表2.6描述了《国家职业标准》涉及的在价值、伦理和六个关键职能方面的主要领域(见表2.6)。

表2.6 全国社会工作职业标准概要

1	价值和伦理
2	沟通技巧和信息共享
3	优秀社会工作实践
4	倡导
5	与其他专业人士合作
6	知识
7	价值
六个主要方面	
1	准备并与个人、家庭、照顾者、群体和社区进行合作,评估他们的需求和环境
2	与个人、家庭、照顾者、群体、社区和其他专业人士共同规划、执行、总结和评估社会工作
3	评估个人、家庭、照顾者、群体、社区、自己和同事的风险并进行风险管理
4	在社会工作中显示出专业能力
5	管理和审计,监督和支持自己机构中的社会工作
6	支持个人表达和解决他们自己的需求、观点和环境

价值和规范

1.技能交流和信息共享——诚实且清晰。

2. 优秀社会工作实践——工作的专业性、持续性和可审计性。

3. 倡导——增强人们应对不公平挑战的能力。

4. 与其他专业人士合作——处理和共享信息。

5. 知识——竭尽全力用相关知识保护人民的权利。

6. 价值——尊重他人，增强他们的能力；诚实；尊重隐私，以合适的方式沟通；挑战不公，将人放在首位。

小结

本章叙述了社会工作职业资格，特别是一些特殊的职业需求，这些要求与教育的更高要求且更富有传统的学术相联系。

推荐阅读

社会工作学生广泛使用的一本书，主要介绍社会工作价值要素：Thompson, N. (2001) *Anti-discriminatory practice*, Basingstoke: Palgrave.

一本很好的评论社会工作的书：Dominelli, L. (2004) *Social work: Theory and practice for a changing profession*, Cambridge: Polity Press.

一本介绍社会工作的书，更具体地探讨了儿童、残障者和存在精神问题个人的社会工作：Horner, N. (2009) *What is social work: Context and perspectives* (3rd edn), Exeter: Learning Matters.

《实践准则》（社会照顾委员会颁布，但在英国四个地区都能使用）：www.gscc.org.uk/codes/。

GSCC (General Social Care Council, 社会照顾委员会) (2002) *Code of practice for social care workers*, London: GSCC.

GSCC(2002)*Code of practice for employers of social care workers*,London: GSCC.

《国家职业标准》吸收以上两项实践准则,由个人社会服务培训机构(Topss)出版,最后被照顾技术机构代替。这些内容可以在社会照顾委员会网站上获得:www.gscc.org.uk。也可以通过其中的链接,找到正确的版本。

网络资源

苏格兰当前社会工作政策和实践的来源:《21世纪社会工作评论》,苏格兰政府对社会工作在社会中角色的评论,www.21c.socialwork.org.uk。

第三章　成为一名社会工作者

 简　介

成为一名社会工作者的标志,并不是填写完成申请表的那一刻,也不是确定选择社会工作的时候,甚至也不是已经成为一名社会工作专业的学生并开始第一天课程学习的那个时候。"成为"一名社会工作者是一个过程,甚至有些学生直到毕业都没有"成为"一名真正的社会工作者,因为在获得资格之后还有一个实习期。有一种观点认为,甚至在工作几年后社会工作者还处于"成长"的过程中,"成为"可以说是职业和个人发展的长期过程。

先不去讨论这些复杂问题,社会工作者初期一个重要的阶段就是在具有执业资格的项目中申请社会工作学习的机会。然而,社会工作课程的申请者很多,有些大学一个名额有四名申请者,甚至有些大学一个名额多达十几名申请者。怎样才能申请成功呢?本章将讨论如何提供那些职业能力和有益经历的证明,这些证明可能在选择过程中用到。这需要分清哪些是成功的申请,哪些是不成功的申请。

社会工作是反思性的职业,为了更好地与他人合作,要求从业者具有建立个人敏感性和自我意识的能力。本章就是关于在成为一名专业社会工作者的过程中我们如何提升自己的能力。它有助于我们准备好如何回答面试官的问题,或者能更恰当地填写申请表中"为什么我想成为一名社会工作者?"这样的问题。

社会工作是一门艺术,又是一门科学

在某些方面,社会工作是一门艺术,在另一方面它又是一门科学。也就是说,社会工作根植于社会科学,来源于理性的研究知识和实践的基础,它也根植于对艺术和直觉的理解,关注于创造性。换句话说,社会工作不仅在于你学习到的知识和你对知识的运用,还在于你在工作中表现出什么样的个人的品行以及你是什么样的人。因此,不能简单地学习著作文献,更重要的是理解其中的要素,包括著作背景中的社会因素。这里,关键点不是在表面上是否接受我们的说法,而是对我们动机的质疑,以及其他相关因素。当我们想快速地寻求知识和技能的时候,却发现专业经验并不能一蹴而成。

怎样向面试官证明你具备社会工作需要的能力和要求?需要你提供以下六个方面的证据:

(1)知识和理解:在填写申请表格时需要提供依据和相关资格证明。学术能力是相关的文化证明,计算能力也是必需的技能。在面试过程中,可能对这些能力进行测试。

(2)动机:愿意从事社会工作的证据,可以从个人陈述中看出来。

（3）个人品质：包括同理心和主动性,也可以在个人陈述中表现出来。

（4）相关的工作经验：在申请表中和挑选过程中都会被注意。包括参加志愿活动和付费工作。

（5）成为学生的潜力：成为社会工作专业学生的意愿强弱是很难测试的,相关的阅读（可以浏览第一章末尾列举的一些阅读资料）有助于展示你的学习动机和愿望。

（6）成为社会工作者的潜能：可以从个人陈述和选择过程中发现是否具有潜能。比如,一个关键的考虑是能够承担工作,顶住工作压力。

最后的两条是更具有普遍意义的,其涵盖了其他所有要求内容。为了展示你在学习和工作中具有的潜力,你需要展示自己具有的个人品质、充分的学术学习能力、资质和相关经验。向面试小组和那些面试你的人,展示什么样的特殊资质和能力?这包含在一些"同理心""自我意识""敏感性"和"反思能力"等词语中。它们不仅是品质方面的展示,而且还至关重要。社会工作经常提到的那些主要因素,如"批判性反思实践",我们将在本章最后一部分讲到。

社会工作在日常生活中的特殊专业性

社会工作是与人打交道的工作。因为社会工作者处理的是人们之间的关系,他们能够遇到日常生活中人们每天都能遇到的问题。也就是说,社会工作不可避免地与人打交道,包括同事和案主

(很多时候,社会工作的案主是指服务使用者或者使用服务者,照顾者是指非正式的照顾人员),像镜子一样,它能够反映我们生活经历的各个方面。社会工作者的服务对象往往是脆弱、需要帮助的人群,因为困扰他们的问题与人们普遍的生活经历相联系,他们也被这些经历所影响。在这个时候,社会工作者能够与这些人联系,产生相关性是至关重要的,这样就能够根据自己的经历体验来帮助别人。这也是社会工作的专业性,它不同于个人关系的诸多方面之一。我们与其他人相识、是朋友或是亲戚,但作为社会工作者,我们是受雇佣者,与服务使用者发生专业关系,虽然人们的生活具有普遍性,但在专业工作中我们需要学习如何控制我们个人的反应,这时,我们不能把它与专业实践混淆。

反思性

社会工作对我们能力的一个重要贡献,也可能是最重要的贡献,是当我们探索自己的历史、身份和动机的时候,我们自己的创造性。之所以这么说,最主要的原因是我们能够确保在自己的知识、经验和情感帮助下做社会工作,而不是被这些因素阻碍。如果我们能更好地了解自己,有助于我们自助。因此,反思这个词是用来指认识自己的能力,在这个过程中理解他人。

在社会工作专业教育和培训课程中,经常要求学生写反思性日记。这可能是学生第一次坐下来,写自我反思的东西,具有很强的个别化特征。这种经历,将他们自己生活的一些方面引入到目前的反思中,有助于他们现在的经验、阅读和讨论。在20世纪80年代中期,当英国一些地区第一次广泛讨论儿童和成年人虐待问题的时候,作为督导,我们意识到在报告和研讨会之后,有必要提供进行一对一辅导的机会。

转化学习（tansformative learning）：制作个人简历

我认为，接下来的术语在我个人早期经历中非常重要。1978年，梅齐罗（Mezirow）收集一系列妇女的个人历史和成年人学习报告，用这些材料作为他关于转化学习的起点，至今还具有影响力。我们在赫尔（Hull）的学院中使用的一种有力的方法是通过每周一天的服务课程，让学生与社会照顾者和房屋避难所的管理员一起提供服务。我的同事迪莉斯·皮哲（Dilys Page）鼓励学生们花时间准备他们的个人简历和进入社会照顾工作的过程。分享这些经验，有时用海报互相介绍，是一种强大的表现方式，对一些遇到的问题和阻碍，也并不总是能够克服——阶级、性别、年龄、种族和残障。在课堂上，一再重复这些内容是没有必要的。**叙述**——我们自己的故事——帮助我们将自己的经历和我们其后的反思联系起来，与更广阔的社会背景相联系。

莱德维特和斯普林格特（Ledwich，Springett，2010）以参与式实践作为他们著作的开头，简要介绍了他们自己实践学习相关的经历，整本书都用不同的故事作为主要手段，展示人们的生活经验对自己经历的至关重要的影响，以及对此的理解方式——或者说，就像我们社会科学所讲——理论化。

制定个人陈述

对早期阶段的社会工作者，最关键的资料文件就是写一份个人陈述，支持自己的申请，这是非常有用的一项工作。

为了帮助读者掌握个人陈述需要什么细节，我列举了自己简历的一些关键部分,并不是展示我怎样参加社会工作的,而是向读者说明应该如何勾画自己的个人陈述,从而使自己在社会工作早期发展顺利。个人简介有两个方面非常重要。

用第一人称写

对自己个人经历、思考以及内容非常自信,是很重要的。澳大利亚迪肯大学(Deakin University)社会工作教授鲍勃·皮斯(Bob Pease)是一位著名学者,他提倡这种方式。他对我说,当我们讨论这个问题的时候,他总是用第一人称,将此作为第一原则。有必要意识到,我们想的所有事情、我们的判断、我们的经历都与我们自己相关。运用第三人称"他或她"——或用消极的语气——"让人觉得"(it is felt that)或"被决定"(it was decided),好像脱离了自己,形成负面印象。

个人简介:真诚比仅是事实准确更重要

个人简介并不仅仅是事实,而是自己感觉和经历的陈述。叙事是一个记述,一个故事。我不喜欢"故事"这个词,因为当我很小的时候,这个词经常用来表示我们说的不是事实:"不要给我讲故事!"

我所提到的个人简介,是指一个创建得很好、以口述史闻名的历史研究主体,是工业社会前很普遍、传统活动中的讲故事。口述史收集人们的陈述,经常记录这些陈述,然后将其誊写。口述史专家认为,关键是收集人们第一次说的内容,因为再次重复时,这个故事经常会有所不同,遗漏一些细节,或润色一些内容。然而,口述史工作最重要的一个观点是,特别具体并非意味着真实,关键在于是否真诚,所以我认为关键是讲故事的人讲述个人经历的意义。

换句话说,在写个人简介时,简介的真诚高于事实的准确。这并不是说我们要故意误导,我强调的重点是,说一些内容,可能对我来讲是重要的,但可能对别人来讲并非重要。

我的个人简介:我怎样参与社会工作

在回答问题"什么促使你成为社会工作者?"时,作为一个例子,我写了以下内容。我选择的参考内容是对我有影响的人和书籍。所以,你会发现这些内容中的一部分是非常特别和个别化的。考虑到我给自己定下的任务,这是不可避免的。当你读到这些内容时,希望你也能够写出你自己的个人简介,描述你自己选择社会工作的历程,经过一些时间,你将变得很自信,能够很自信地回顾这些经历,把它写下来,就像你在进一步反思之后重新解释自己的判断一样。这是一个开放、没有结尾的过程,没有最终"正确的"答案。

案例

当我年轻时,我曾经患上精神方面的问题,我没有告诉任何人,努力靠自己解决这个问题。上了大学,我看到学生专业咨询服务组织,但并没有得到指引或帮助,所以我继续试图单凭自己解决自己的问题。很多年后,我开始理解了美国作家关于疾病的评价及其威力,该作家名叫苏珊·桑塔格(Susuan Sontag),她在《关于坎普的札记》(*Notes on "Camp"*)一文中写道:"世界上有很多事物都没有被命名;很多事物,即使他们被安上一个名字,也从来没有被描述过。"(Sontag, 1966, p.275)这些从我青少年时就具有的残障特征,在几十年后开始进入镜像,数着我头上的每根头发,以及那些掉落的,后来才有了名字——身体异形失调——被确认了。事实上,失调每天都折磨我几个小时。当我发现,秃发并没有造成多大的焦虑,因为我身边的男人,在前几年有些人也秃头了,而且这么多年来饮食失调的毛病,也消失了。

我在一些感兴趣的独立学科:英文文学、经济、音乐和拉丁文等当中选择读了一个通识学位(general degree),毫不奇怪的是,我被社会试图控制行为偏差的现象所吸引,尤其是精神健康问题。我的社会史研究聚焦于贫困问题,并将我的研究兴趣拉向了监狱和精神病院系统。

在大学社会工作培训课程中,我拒绝了临时转介要去的地方。我参观了斯坦福圣菲利普斯教区牧师格威利姆·摩根(Gwilym Morgan)主办的一个青年中心,他认为这个中心应该由特别的一代人来运行,也许应该关闭然后由另一代年轻人重新创建。他热衷于希拉·德莱尼(Sheelagh Delaney)的新剧《诚实的味道》,花费了很多自己少吸烟节省下的钱,购买了当地一位不甚知名的名叫劳里(Lowry)的画家的素描——描述工人阶级的生活。在这些观点的启示下,我开始了本科学习,我作为一个"店员"助理,在曼彻斯特南部一家非住宅酒店工作,在那里我遇到了至少一位带有严重精神问题的雇主。我从他们那些精神分裂症的特征中,很快就意识到了他们的病情。

当没有工作时,我围绕思瑞哲威(Stangeway)监狱,走了几个小时,了解刑法机关的特点。我写信要求参观监狱部门的一个地区办公室,被劝说到西班牙去度假,然后返回申请公民服务公开竞争项目。我没有考虑这个建议,而是申请成为一名监狱管理员。我在温彻斯特参加面试,那是距离我故乡最近的监狱,获得了一个职位。我拒绝了这个工作,并要求在伦敦一家大型监狱工作。在几个月里,我作为一名新任命的监狱管理员,转到了本顿维尔监狱(Pentonville Prison)。

在本顿维尔监狱,我开始意识到多数 D 座(D Wing)中监禁着上百名无家可归者,他们很多人都有酗酒和精神疾病等问题。我看到监狱整体上都存在不合适的方面,工作之余我花了很多时间在考虑我应该做些什么。我去了坎伯威尔(Camberwell)健康及社会服务部(DHSS)服务中心,虽然我在那里等了不到一夜,在排队等晚餐的时候,我遇到了托尼·帕克(Tony Parker),一位作家,他以人们自己的语言方式写了很多本书,在排队的过程中,我们讨论怎样理解那些犯罪并无家可归人的经历。我拜访了诺尔曼·英格拉姆·史密斯(Norman Ingram Smith),一位特拉法尔加广场(Trafalgar Square)圣马丁教堂颇具感召力的牧师,他和我坐在教堂地下室,他把那里开放成为无家可归者避难所。他告诉我,当他同一个正在从宿醉中恢复的人坐在一起,朝着同一个桶呕吐的时候,感到他们间的距离最近。我拜访了迈克尔·索伦森(Michael Sorensen),与他讨论他在伦敦南部的布莱克菲尔斯机构(Blackfriars Settlement)采用的监狱访客计划。晚上,我参观了乍得·巴瑞(Chad Barah)牧师新成立的撒玛利亚人中心(Samaritans Centre),该中心是由前任官员安东·瓦拉克·克利福德(Anton Walach Clifford)创建的,当我后来沿着汉普斯特德健康中心(Hampstead Health)散步时遇到过他,与他讨论增进最近新来居民信任的一些活动,先是给他们这栋楼的钥匙,然后从锁着的箱子里发放一些钱。将工作人员与当地居民区别开来,是非常有用的。这与我以后参观波顿村(Botton Village)发现的相似,波顿村位于北约克郡(North Yorkshire)的农村,由鲁道夫·斯坦纳(Rudolf Steiner)用乌托邦原则管理。在北伦敦,我遇到了默文·特纳(Mervyn Turner)律师,他曾经参观过本顿维尔监狱,我在星期六晚上去了他的房子,在那里他与一些有犯罪前科的人一起工作。作为一个从来没有在这种情况下合作工作的团队,我们非常详细地讨论了监狱禁闭这个选择。我敏锐地意识到在这个世纪或更长的时间里,这些人共同经历了监禁。默文在伦敦设立了安置出狱人员的连锁机构——诺尔曼之家(Norman Houses),他正在讨论在威尔士建立一个酗酒者社区的需要。在他看来,这也许是将这些人关进监狱这一激进做法的替代选择。

对那些在本顿维尔监狱明显遭受严重精神问题的犯人数量之多而深感忧虑,他们没有任何保障。来这里巡视的精神病专家只是评估病情,并没有进行治疗。我被邀请参加一个来自精神病医院的精神病专家召开的日程会议,参与的医生来自克雷伯瑞医院(Claybury Hosital)、位于艾塞克斯(Essex)的伍德福德绿色组织(Woodford Green)、亨德森医院(Henderson Hospital)。

亨德森医院作为一个治疗性的团体在运作。我们讨论了治疗的方法和困难。在会议上,我志愿帮助约翰·巴泽尔杰特(John Bazalgette),作为一位年轻人,他面临困境,在与政府当局的关系方面,引发他写了一本很有名的书:《自由、权力和年轻人》(Bazalgette, 1971)。

作为一名监狱管理员,我幻想,如果我成为一名管理者,在这个巨大的制度体系中,我所有的无能为力的感受都会消失得一干二净。七年之后,我成为一个少年犯罪研究所的领导,仍然存在无力感,意识到当我作出决定时,只要我一转身,监狱官员就可能会低估甚至忽视我的决定。这种矛盾,在阅读和与很多刑事改革家讨论监管惩罚后,使我确信大多数监狱罪犯(大约四分之三)最好的选择是收监极少数少年和成年罪犯,具有精神问题的多数罪犯,应该隔离并拿出资金给予治疗,支持他们重返社区生活。

同时,作为管理者,我坐在少年犯罪研究所领导办公室里,阅读欧文·戈夫曼(Erving Goffman, 1968a)关于整体制度的特征,大卫·玛札(David Matza, 1969)被贴上越轨标签的过程和污名化导致的再次(第二次)失范。在20世纪70年代,对绝食者强制喂食的时候,我决定不再继续从事监狱管理者职位了,因为我拒绝服从这个特殊命令。

监狱总办公室支持我去读社会研究方面的研究生,我到新成立的约克生活服务部(York Social Services Department)做生活工作助理,在那里我和社会工作者一起处理老年人和残障者的问题,随后我到西约克夏缓刑监视服务(West Yorkshire Probation Service)部门担任相同的职位,在那里我遇到了马丁·朗特里(Martin Rowntree),一位缓刑监视官、教友会教徒和创新者。他最近在庞蒂弗拉克特(Pontefract)成立了一个中心,那个中心后来成为监狱总办公室模范培训中心。隔壁是一家社团,目的是帮助监押释放犯罪少年,帮助他们成为遵法守法公民。一天晚上,我参观了这个社团,发现这家社团没有领导。几周后,我从监狱官员的职位上辞职,负责这家社团,为青少年从少年服务中心吸引资金,为成年人教育服务机构的指导员、社会工作者和社会服务领袖提供资金帮助,特别突出、核心的员工由巴纳多负责支持。很自然的,我取得了研究生资格,成为一名社会工作者。

这段时期,我经历了两个社会工作创新成果——一个是由比比·斯皮德(Bebe Speed)完成的,他是一位成绩卓著的、对家庭治疗具有很浓厚的兴趣的社会工作改革家,是立德总医务室(Leeds General Infirmary)多元学研究小组的一员;另一位与富有激情的大卫·斯沃顿(David Swadon)一起在学生公寓工作。我做了青少年事业经历的调查,通过大卫与科林和莫戈巴尔(Mog Bal)联系上,他们正在主导政府青少年失业方面的政策创新,当年,这些内容写成一篇文章,在国家行动杂志上发表了(Adams and Swadon,1979)。

那时,我已经开始写社会工作方面的书,内容是少年罪犯、自我帮助和增能(Adams, Allard, Baldwin and Thomas, 1981; Lindenfield and Adams, 1984, 1990),研究成年人教育方面的最新理念。在曼彻斯特大学成年人教育学院,我遇到了拉尔夫·拉多克(Ralph Ruddock),我花了几年时间和他讨论,他介绍我见到了在国际享有盛誉的著作家特里·捷尔比(Ettore Gelpi)和保罗·弗莱雷(Paulo Freire),这就是我转介实践的探索过程。从此,我承诺写英国和美国监狱暴乱的历史(Adams, 1992),做儿童和少年保护的研究,与学校和其他机构合作(Adams, 1991)。可以确切地说,正是弗莱雷的作品促使我转向,它超过了我所读的其他任何非小说著作的影响。

读者可以根据六要素来考察这份个人陈述,看看它符合哪些六要素,符合到什么程度。

至此,我们已经思考了怎样反映自己的经历,从而获得相应的机会。我思考获得资格的过程中,哪些因素被卷入进来。

学习如何成为一名反思性社会工作者

在第二章中列出的价值和行为准则,在开展一个特色形式的实践工作中,能够得到最成功的结果。这要求从业者具有批判性和反思性。很多有资质的项目关注点在于学生是否能够达到这些成绩。首先,学习过程有几个构成要素。

学习社会工作

学生从事专业社会工作项目,需要通过批判性理解获得实践经验。课程的学习过程远比这个复杂,它要求学生整合几个不同的方面(图3.1)。

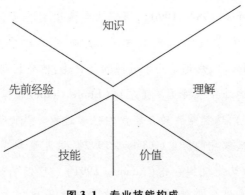

图 3.1 专业技能构成

专业能力是学生经历和学习的成果。**专业技能**这个词,是指与人们一起有目的、有效工作的能力。**先前经验**——包括个人经验和工作经验,是有资质的社会工作项目申请中最有价值的部分,是申请者可以从这些经历中反思和学习的证明。面试时,因为撰写申请时存在竞争,最有希望的社会工作者也可以借此机会,在申请时展示相关的经验。**学习**——这个词是指获得知识,理解和技能——是一个知识、理解、技能和专业价值的复合体。大约一半的社会工作研究生课程,是以学位和专业资格为导向的,需要花费时间在有督导的实习上,督导是有合适资格且经验丰富的老师。里斯曼(Lisman,2007)提出了督导的三种责任,是一个非常实用的指导,包括:

- 为社会工作学生扮演支持性指导者的角色;
- 促使学生在实践中学习;
- 对评估学生做出贡献,在所有实习方面,都能达到社会工作的国家标准。

发展一种批判性反思的职业

在具有资质的项目中,社会工作的学生将面临一个任务,怎样才能成为一名批判性社会工作者。

当开始反思这个问题时,学生应该考虑四个构成要素:

- 特殊实践的经历;
- 阅读社会工作书籍(不只是报纸上的文章,也包括研究报告,例如社会工作杂志);
- 与同事进行讨论;
- 接受专业督导培训。

以上多数要素可以自我进行解释,最后一个要素需要进一步分析。

什么是督导

社会工作需要专业的督导,不仅仅是督导资格教育的一个过程,也包括他们获得资格从事实践的培训过程。督导这个词是指实践中结构性、批判性反思的过程,通过由具有资格独立性的人进行,监督实习内容和相关方面,评价批判性反思的质量。督导可以在五个主要方面帮助学生,促进他们进步:

- 专业;
- 个性;
- 教育;
- 管理;
- 行政。

前三个方面可以更多地视为学生的兴趣,后两个方面可以被视为督导和直线管理者(line manager)的兴趣。有时候督导就是直线管理者,有时候则不在直线管理当中,非直线管理是很多专业人士更乐意的选择。

案例

马赛厄斯对于家庭中的男孩有偏见,对女孩则没有。他的督导在常规巡视时发现了这个问题,与他讨论。他也能确定这个偏见的一些原因,提出办法消除偏见。首先,他为自己辩护,但后来他意识到这个问题,现在很感激那个机会,让他更好地了解自己,从经验中进行学习,提升自己的水平。

理论上,督导的行为能够保证学生实习的安全,像奥沙利文(O'Sullivan, 1999, p.37)提到的那样,在那个地方,理念能够被彻底检验,看到问题的不同视角(理论观点或方法)也都能被彻底检验。督导具有灵活运用的能力,有潜力的申请具体如下:

- 理论联系实际;
- 能使学生模仿(在实践中检验)听和被听;
- 分析怎样才能保持反思性的质量;
- 提升个人学习;
- 增强理解;
- 促进小组发展;
- 鼓励个人和专业发展;
- 缓解压力,确定压力产生的原因;
- 使直线管理者不在现场(甚至进行监控);
- 使学生能够检测反思性,在实践中使用自己的观点;
- 保障实习的健康安全(实习安全)。

督导的过程提高了实习的问题意识,增强了开发专业技术的信心。这些成果也可以通过实践、阅读研究报告、评论实践、与同事讨论、参加短期课程、研讨会、演说和演讲的组合运用获得。通往批判反思性实践的旅程是持续的,最普遍的反思性是一种存在的状态而不是实践中自己"快速组装的",就像在轮胎中发现刺并修补它一样。想要变得具有批判性和反思性可能意味着永远处于"变成"的过程状态中。希望找到直接的解决方法解决个人或家庭的问题,是一个十分无益的想法,众所周知,多数生活问题并不能通过这种方式解决。因此,反思性实践的模式,作为一个永不停止的方式,比我们最初的想象更接近事实。

批判性反思实践的综合要素可以用图 3.2 表示。**整合**是用来描述整合各部分的一个行为或过程,以便于它们互相适应,形成一个整体。整合(integration)听起来像一个完成的整体,一体化(integration)指的是一个正在进行的过程,因而更具有现实性。

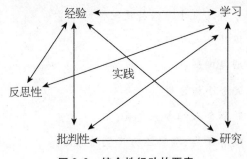

图 3.2　综合性行动的要素

形成研究意识

我们提到研究,对实践者来讲,自信地阅读研究成果并将其运用到实践中去,是非常重要的。这样说并非指社会工作者不得不将研究纳入实践,重要的是指能够阅读、理解和评论这些研究发现,例如,提出问题作为检验实践是否有效的一个方面。研究可能会提到实践工作在哪方面很好,能够学习到什么,在将来实践中有什么帮助。在这方面,好的评估研究也会关注研究在自我批判问题和非常难解决的问题上如何强化。

小结

本章解决了成为有资质的社会工作者的两个核心方面。第一个是准备个人陈述,第二个是成为一名批判性和反思性的社会工作者。

推荐阅读

关注成为批判性实践者的思想介绍:Adams, R., Dominelli, L. and Payne, M. (eds) (2009) *Critical practice in social work* (2nd edn), Basingstoke: Palgrave(特别是第一章)。

一本详细分析批判性反思观念和做法的书:Fook, J. and Gardner, F. (2007) *Practising critical reflection: A resource handbook*, Maidenhead: Open University Press.

网络资源

英国社会照顾专业机构的信息,非常详细介绍了如何成为一名社会工作者。

威尔士照顾委员会:www. ccwales. org. uk/qualifications-and-careers/social-work-degree/training。

社会照顾委员会(英格兰):www. gscc. org. uk/Become + a + social+worker/。

北爱尔兰社会照顾委员会:www. niscc. info/a_career_in_social_work-38. aspx。

苏格兰社会服务委员会:www. sssc. uk. com/sssc/social-service-careers/training-as-a-social-worker. html。

第四章 社会工作的组织、法律基础和规范

简 介

本章主要考察组织和提供社会工作服务的基本情况,以及社会工作者利用其法定权力的现状,也将说明社会工作者如何在法律规定的职责外开展实践工作,如何更好地完成国家委托的责任,如何进一步支持公民并增强他们的能力,如何在一些情况下避免社会工作者成为地方政府和国家的法律责任主体。

社会工作是怎样组织起来的?

在英国,社会工作是通过地方政府部门组织起来的。地方政府提供一些直接的服务,提供巨大的支持,同时也委托私人组织、志愿者组织、独立组织和其他机构(我认为重要的是私人组织、志愿者组织和独立组织,因为这些组织发挥作用的领域非常广泛)。

虽然有些社会服务法律由英国威斯敏斯特议会通过,但在英国的四个不同区域,社会服务存在不同的组织性安排,其服务权责也不尽相同。

苏格兰地区有自己的议会,能够通过自己的基本法律,对社会照顾和社会工作承担全部责任。在威尔士地区,虽然一些法规是由位于伦敦的议会通过,但威尔士的健康及社会服务部(DHSS)向威尔士议会负责,承担健康和社会服务方面的政策和实践工作。在北爱尔兰地区,原来的四个健康和社会服务委员会合并进入了健康、社会服务和公共安全部(DHSSPS),负责健康和社会服务工作,承担五个健康和社会照顾基金提供的服务。

本书并不准备在每个部分都详细介绍英国四个地区的具体差异,但也会指出一些明显的不同之处。在英格兰,虽然有些服务部门存一些组合合并的情况,但很多基层政府部门的成年人和儿童服务是分离的。在苏格兰,社会工作服务是社会工作部门的职责,一些基层政府的成年人服务和儿童服务是合并在一起的,但在另一些基层政府,这些服务是分开的(地方权力部门是地方政府的行政单位)。

英国社会工作的变迁

在21世纪,政府牵头的一些活动,提高了社会工作者的形象,增强了他们对儿童和成年人以及家庭的社会服务能力。在苏格兰,一份主要的社会工作评论报告——《21世纪评论》——开始于2004年(Scottish Executive, 2004),它的主要建议于2006年公布(Scottish Executive, 2004),并在第二年被采纳。总之,该报告认为,社会工作者的建议被高度重视,也符合社会变化的需求,但是最好的建议没有被采纳。一些措施被制定执行,推动社会工作队伍的能力建设,并通过中央政府和地方政府给予支持。在英格兰,公共媒体报道了一个幼儿皮特死亡的丑闻,随之公布了2009年兰姆爵士(Lord Laming)的报告(Laming, 2009),导致威斯敏斯特被迫做出反应,出台相应的政策(HM Government, 2009)。由四个主要政府机构资助出版的这份报告,只是在 2008 年 3 月公布了一次(GSCC et al, 2008),从此再也没有在国家部级行政机关签署发表。该报告在结论中认为,通过与其他专家和人员共同的努力,社会工作对解决人们遇到的复杂问题做出了至关重要的贡献。在儿童皮特丑闻被曝光之后,英国政府随之设立了社会工作特别工作小组(Social Work Task Force)。2009 年 3 月,还处于过渡期间,该小组发布的成果认为(Social Work Task Force, 2009a),社会工作并没有被公众充分理解重视,它的作用和价值被低估了。报告最后建议,通过教育、培训和进一步专业化发展,采取一些措施,提高社会工作的专业化能力(Social Work Task Force, 2009b)。这应该由两个因素来推动:

(1) 作为公共服务现代化一部分的政策调整:1997 年工党政府提出推动健康和社会服务现代化的政策措施,对残障者、精神病患者和老年人服务产生了很大影响。随着北爱尔兰政策指导原则,在英格兰,包括残障者、精神病患者和老年人(包括预防和痴呆服务)在内的成年人社会服务,进一步被纳入健康服务中。

(2) 丑闻以及儿童服务缺陷被确认之后的调整和变革:通过对儿童保护服务失败的持续审查,引发了对过去 30 年中积累的法律规范进行全面调整,变革儿童和家庭服务的结构和组织。到 2008 年,依据《2004 年儿童法案》,英格兰合并了原来的教育和社会服务机构,建立了新的基层儿童服务权力部门;虽然威尔士地区社会服务部门仍然对儿童、家庭和社会服务负责,但与之相似,威尔士儿童社会服务也发生了调整。在苏格兰,青年罪犯社会工作仍然主要由社会工作部门负责。在英国其他地区,自20世纪最后25年以来,社会工作和司法系统在罪犯处置上,分歧越来越大,越走越远。

伙伴工作

在机构和专家之间,从伙伴关系的一个方面来讲,有一本政府出版物的标题(DH,1999d,HM Government,2006)——《一起工作》——抓住了有效合作的两个关键词。

因为社会工作的基础知识建立在许多原则之上,实际工作者需要跨越不同组织、不同专业日常工作的范围约束,因此社会工作者经常承担不同专业实践工作之间协调者的角色。

志愿部门、私人部门和独立部门的合作伙伴关系

与志愿部门、私人部门和独立部门的合作的工作日益增长。可以确切地说,随着社会工作的发展,机构的情形也会发生变化,新的合作形式将产生,以适应社会政策和实践发展变迁的步伐。一些私人、志愿者和独立提供者组建成社会企业,它的社会目标是把剩余的资金用于投资,而不是作为企业或合伙人的利润。大量的社会照顾是通过这些社会企业提供的,社会工作者变成了像经纪人、倡导者和谈判者类似的角色。他们存在于地方权力部门的委托者与志愿部门、私人部门和独立部门之间,现在他们一起工作,将来也可能继续进行合作。

社会工作者处于专业服务的前沿，与服务使用者和照顾者结成伙伴关系。为了保护人们的独立性，同时保证他们能够获得社会资源和服务，即使一些志愿性的工作也需要专业技能。

多学科的工作性质，并不是社会工作的一个负担，而是一种潜在的力量。因为它可以将不同的专业纳入进来，同时也突出了沟通的重要性：

- 在任何情况下，沟通都需要策略；
- 将不同的专业经验、证据和观点用于案例的解决，能够提供潜在的更大收益。

不同的人，会有不同的合作关系，这种关系的潜在范围是很大的。他们可能发生于个人、家庭、群体和社区之间，但必须考虑这些主体的次序，因为不同的问题产生的层次也不同。

在健康和社会服务领域，合作伙伴的范围和类型的多样，使它很难通过一个简短的说明获得财政安排的资金。我们可以采用道格拉斯的写作方式，列举合作伙伴共同具有的四个主要特征。我们可以根据团队工作的思路，建立我们的伙伴关系备忘录。

以上提到的道格拉斯（Douglas, 2007, p.3）模式，确立了合作伙伴的四个特征，我们可以将其用于社会工作方面：

- 合作伙伴之间有效地沟通；
- 确保合作的结构和系统；
- 合作伙伴的密切协作；
- 聚焦于特定活动，例如，减少人们的苦难，提高人们的健康和福利水平。

第三部门的重要性

第三部门的组织和团体在提高社会服务方面,具有非常明显的作用,而且贡献越来越多,特别是在儿童,包括居家照顾和姑息治疗(palliative care)等成年人特殊群体服务等领域,贡献更加突出。第三部门这个词,经常与"志愿部门"等同使用,虽然"志愿部门"的确切含义难以界定,但第三部门的范围比志愿部门的范围大得多。"志愿组织"这个词也经常被人们使用,因为它具有明确的含义,但实际上,存在着一种连续性,从非常庞大、每年收入和花费上百万,具有大量工作人员的慈善组织,到地方很小的、只有很少的预算、所有工作都由志愿者来做的志愿团体。单单苏格兰2006年至2007年,志愿组织的经费就达到31.8亿英镑,其中近一半的经费是员工的费用(Scottish Government, 2009, p.4)。

第三部门的组织可以根据以下三个因素,很容易地把公共健康照顾机构和地方权力机构区分出来:

- 它们是由政府独立成立的;
- 它们自我管理运营(也就是说,他们的管理独立于政府部门);
- 它们在某种程度依赖于志愿者服务。

一些社会企业模糊了政府机构和第三部门的差别,因为这些企业具有志愿组织和私人企业的一些共同特征。简单地说,第三部门中的志愿组织并不分配利润,然而一些社会企业跨过了这个界限,虽然其具有了第三部门组织的一些特征,但开始分配利润了。在英国的一些地方,特别是偏远乡村和社区,比如苏格兰的一些分散地区,开始使用"社会经济"(social economy)这个概念。

地方权力部门已经制定了一些行为标准,像下一章所提到的那样,在健康和社会服务的不同领域都有了国家标准。当然,国家制定一些措施,用以保证服务的质量。根据《2003年健康和社会照顾(社区健康标准)法案》,成立了社会照顾监督委员会(CSCI),直到2009年该委员会负责英格兰社会服务的登记、检查和报告工作。2004年,健康照顾审查委员会(the Commission for Healthcare Audit and Inspection)成立,并以健康照顾委员会(Healthcare Commission, HCC)而闻名。2009年,社会照顾监督委员会和健康照顾审查委员会照顾质量委员会(Care Quality Commission, CQC)替代。

教育标准局(OFSTED)(评估学校标准的政府部门)评估、审查和规范英格兰的儿童服务,照顾质量委员会(CQC)负责审查成年人服务。北爱尔兰并没有社会照顾审查机构,这项职能由健康、社会服务及公共安全部(DHSSP)社会服务办公室(Office of Social Service)承担。在威尔士,照顾和社会服务审查组织(Care and Social Services Inspectorate, CSSI)负责审查和规范整个服务照顾体系。苏格兰的社会服务审查机构审查和规范所有的社会照顾,苏格兰教育审查组织参与一起审查儿童服务。

规范和确保服务质量

在英格兰,儿童服务的规范标准与健康和社会服务之间,存在基本的区别。照顾质量委员会(CQC)是依据《2003年健康和社会照顾法案》成立的政府部门,负责确保健康和社会服务的审查,包括社会工作、儿童保护和儿童照顾,以及早期服务和学校学习。

在苏格兰,照顾委员会规范社会服务的标准。在威尔士,健康及社会服务部（DHSS）向老龄委员会办公室（the Office of the older People's Commissioner）、儿童委员会办公室（the Office of the Children's Commissioner）以及威尔士健康照顾监督委员会（Healthcare Inspectorate Wales）和威尔士照顾及社会服务监督委员会（CSSI）负责，后两者都独立于威尔士国家议会（National Assembly for Wales, NAW）。北爱尔兰质量监督管理局（Regulation and Quality Improvement Authority, RQIA）是一个独立的部门，负责规范健康和社会照顾服务标准。与苏格兰相比，北爱尔兰质量监督管理局负责的内容包括儿童和成年人社会服务。北爱尔兰健康、社会服务和公共安全部（DHSSP）自2006年发起了健康和生活照顾质量标准建设。

社会工作者、法律和审计

社会工作者被建议从事如此多的专业性工作，就像章鱼那样多的触角去解决诸多不同的问题，这种想法也许有点不切实际。然而，不可否认的一个事实是，社会工作者负责人类生活历程的一大部分领域。社会工作的专业身份，一方面在于他们的社会照顾专业角色，另一方面，就像一些法律文本规定的那样"在法律规范内进行创造规范性工作"（Brayne and Carr, 2008, p.51）。我们在第一章就了解到，社会工作根源于它的历史传统、互助和社区发展。21世纪社会工作专业并不仅仅是一种基本的存在，也不仅仅在于案主要求提供服务，而是国家的一个创新，因为制定了提供服务的主要政策法规，以及对儿童、成年人的干预，比如对残障者、老年人和精神病患者的帮助服务。

法律系统和社会工作

社会工作者与英国法律体系密切相关,他们需要理解法律体系的重要性,保障自己的决策和行动符合法律规定。社会工作者不是律师,他们使用法律,但不是专业的法律工作者。然而,社会工作者比法律工作者做更多的工作。他们与其他人——那些从事社会服务和社会照顾的专业人员——共同阐释和应用法律。所以,依法进行工作是社会服务的一个重要内容。有三个要点:

(1) 法律体系和法规存在一些不确定性,需要平衡社会利益竞争方,需要争论、辩论和永不停息的调整。

(2) 社会工作者关注的法律包括那些人权、反歧视和提倡平等的法律规范。很多时候,这些法律规范或多或少地来源于斗争和运动,比如反歧视运动、社会排斥等。

(3) 增能、以权益为基础的法律只是社会工作者所用法律的一部分。他们也需要依赖法律,赋予自己和雇主责任、权力和义务,他们在干预儿童和成年人生活、联络服务者和使用者时,必须了解这些法律。

法律

人们的生活行为必须遵守法律规范,目前有三种主要法规:**习惯法**,通过传统、逐渐积累和代际变化流传下来,由法院判断的案例组成;**衡平法**,指那些用于家庭法律工作,通过平衡法院审判,比如离异家庭夫妇财产分配;**成文法**,由议会通过的法律。

当社会工作者从事服务项目时,他们从实践中学习基本的法律。同时,他们也需要阅读法律条文,熟悉相关内容,以便于能够从事儿童、成年人和家庭服务工作,自信地处理与律师、法院的关系。在实际工作中,虽然社会工作者不像律师那样工作,但他们的专业建议仍然被其他专业人员高度重视,也被他们服务的儿童和成年人所认可。

法院

英国法院体系的等级制安排,很像家谱,可以简化成下图(图4.1)。不同的法院,凭借习惯法、衡平法以及他们认为合适的法律,通过法官审定,运用法律条文,解释行为。

犯罪行为被起诉审判的第一个程序是地方法院,很多案件(包括简易程序罪行,即非常小的轻微犯罪)都在那里立案和审结。另一种极端情况,可公诉罪行(重大罪行,比如屠杀、严重暴力)会迅速地从地方法院转移到英国刑事法庭(Crown Court)。民事法庭包括地方法院、乡村法院和高级法院,民事程序涵盖了社会工作者的很多专业实务,比如儿童托管、儿童和离异或离婚父母的协定以及婚姻案件。当地方法院处理家庭纠纷时,他们称之为家庭程序法庭(Family Proceedings Courts)。该规则依据《1989年儿童法案》制定,广泛应用于英格兰和威尔士,一些重要的方面也应用于北爱尔兰和苏格兰,该规则可能是社会工作者最应该遵循的。

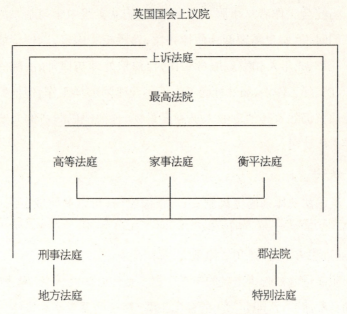

图 4.1 英国法庭及特别法庭结构图

有时候,社会工作者需要与特别法庭打交道,负责解决个人与个人之间的委托事项、个人和国家之间的委托事项。最常见的一个裁判法庭是就业裁判庭,正如其名,是指解决雇主和雇员委托的事项;又如,照顾标准法庭是依据《2000年照顾标准法案》成立的。

虽然图 4.1 已经说明了不同法院之间的一些主要关联,但这个简要的图示,并不能涵括不同法院之间复杂的互动关系。实际上,权力依据"结构图"从上往下延伸,当然,因为法规和判例能够影响社会服务,一些案例和倡导也能够由下往上,影响到上层法院。例如,较低级别法院的倡议,也能被较高法院吸取。为了进一步使图 4.1 更加清晰,只连接了较低级别的法院和法院的倡议,然而在实际工作中,倡议往往是由最高法院和国会上议院提出发布的。

欧洲和英国的立法

这里有一个更重要但又比较复杂的法律体系,即欧洲公约(European conventions)(在此,该公约可以被看做一个约束参与各方的协议、条约)和英国法律是如何在英国四个地区实施的。

总的来说,因为英国的四个区域都加入了欧盟,因此英国在很多方面受制于欧洲立法规则。简单来说,并不是所有成员国都无条件地接受了欧洲立法规则。然而,欧盟法规对欧盟和英国也产生了重要影响,比如,1950年《欧盟人权公约》(ECHR),英国直到1953年才签署,但直到1998年,《威斯敏斯特人权公约》才获得通过,这样欧盟人权公约规定的公民权利才能在英国法院获得尊重执行(Brayne and Carr, 2008, p.73)。

自从20世纪以来,欧洲法规逐渐对英国立法与实践产生影响。1998年联合国通过《人权法案》是一个重要的时间点,影响到《欧盟人权公约》,它促使英国政府决定遵从《欧盟人权公约》,当然英国也保留在某些特殊领域的自由裁量权。

在英国,"分权"这个词,通常是指复杂的法律安排,以保护苏格兰的独立立法体系,依据《1998年威尔士自治法》设立了威尔士国家议会,根据《2006年威尔士自治法》,增强了议会在地方政府管理、社会服务和社会工作等领域的立法权力。

服务的法律基础

1970年,地方社会服务立法机关将希伯姆委员会(Seebohm Committee)的建议纳入立法,促使英格兰和威尔士设立了社会服务部门。苏格兰建立了社会工作部门,而北爱尔兰则通过区域委员会成立了健康和社会服务机构。

　　这些制度安排持续了近30年,直到21世纪早期,英格兰和威尔士的社会服务部门才完成革新,在150个地方政府,明确地分成了儿童和成年人服务机构。成年人照顾服务的新部门建立起来,根据《2004年儿童法案》,儿童教育和社会照顾服务被并入儿童服务的新部门,并于2007年承担起相应的责任。儿童基金和成年人照顾基金也被设立起来,就像早被成立的全民健康服务(NHS)基金一样,提供健康照顾服务。

　　地方权力部门通过这些基金会,负责成年人、儿童和家庭的服务。自20世纪90年代以来,这种制度安排就在发生变化,根据《1990年全民健康服务和社区照顾法》,从服务提供方面独立出来了一个购买服务的功能。因此,地方权力机关通过的社区照顾服务最少有五分之四来自于志愿部门和私营部门的协议,要求彻底改造社会服务。社会服务的供应者可能是一定范围的单位,包括地方权力机关本身、志愿者组织和私人组织。从20世纪90年代早期,根据《1996年社区照顾法》,人们接受社会服务倾向于直接从地方政府获得救助金,购买自己需要的服务。从2008年开始,包括地方政府资金和其他资源在内,预算更加人性化,这意味着人们可以管理和选择服务内容。直接支付的原则延续了将近半个世纪,自从20世纪90年代以来,该支付方式就被政府改良并广泛使用。在苏格兰,地方权力部门根据《1968年社会工作法》和《2002年社区照顾和健康法》的第7条,进行直接支付,鼓励了这种支付方式的使用。

　　自20世纪80年代以来,地方政府服务就存在签署合同交由独立供应方的发展趋势。《1990年全民健康服务和社区照顾法》提供了社会工作的新框架——作为健康和社会照顾社区服务一部分,满足了成年人80%的社会服务,包括从家庭照顾(像提供上门送餐服务等家庭照顾)到居家服务(为有老年人的家庭提供服务),这些服务由私人部门、志愿部门和独立部门来提供。

1990年前,除了极少数特殊的服务之外,比如大型慈善机构(巴纳多斯儿童慈善组织、儿童社会组织和国家儿童之家)为儿童提供的社会工作和居家服务以及像列奥纳多·柴郡基金会(Leonard Cheshire Foundation)那样为老人和残障者提供服务的志愿机构之外,地方政府管理并提供绝大多数服务。此后20年,地方政府是委托方,服务主要来源于私人部门、志愿部门和第三部门的组织或机构。

那些影响社会工作和社会照顾服务的主要法规,见表4.1。

表4.1　社会照顾及社会工作相关立法一览

《1948年国家救助法》	地方政府具有提供居家和社区照顾的责任
《1970年地方政府法》	建立新的社会服务部门的任务
《1983年精神健康法案》	批准成立精神健康专业的任务
《1989年全民健康服务和社区照顾法》	根据程序评估公民的社区照顾需求和服务提供方
《1995年残障歧视法案》	通过让残障者掌握资源、房屋和服务,地方政府防止对残障者的歧视的责任
《1995年照顾者(认证与服务)法案》	扩大照顾者的权利

续表

《1996年社区照顾法(直接支付)》	社会服务部门提供现金,让人们自己购买服务
《2000年照顾者和残障儿童法案》	评估照顾需求,获得服务
《2000年照顾标准法案》	设置审查和居家服务框架
《2004年照顾者(平等机会)法案》	进一步扩展照顾者的权利
《2004年儿童法案》	改革儿童服务
《2005年精神能力法》	根据能力确定人们的权利
《2006年健康和社会照顾法案》	对少年儿童扩大服务,增加数个月
《2006年全民健康服务和全面健康服务法案(威尔士)》	在医院治疗之后,为人们提供的精神健康照顾和家庭帮扶
《2007年精神健康法案》	更新精神健康法规

责任、管理和自由裁量权

社会工作者和法律之间,我认为有三个重要的关联,三点共同导致社会工作既复杂、劳神费力,但也更加迷人、具有成就感:压力主要来自于多样的责任;专业实践和管理者操控之间多重职责带来的张力、专业实践和管理者操控之间的张力、法律上清晰明确的实务领域与某些可以酌情处理的情境之间的张力。

在多元责任中平衡压力

社会工作者需要说明很多不同的权力来源(见图4.2),这反映了个人、家庭和社区服务的复杂性。社会工作者在不同利益和需求中保持了平衡,但实际上利益冲突使决策复杂化。

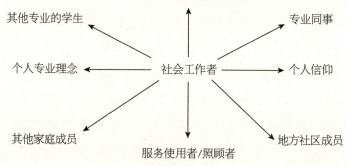

图 4.2 社会服务多元责任体系

在图 4.2 所示的框架中,有两个主线:

- 专业性,自己的专业、自己专业人员和个人价值观、自己专业的同事和案主的专业性。
- 管理性,管理者以及通过他们管理组织。

社会工作者的这些不同责任产生的紧张和压力,可能会引发明显的冲突,例如,当资源稀缺,需要进行抉择时,管理者建议将机构利益放在首位,而社会工作的价值理念要求将人的需求放在首位,这时冲突就产生了。

不同责任的复杂性表明,社会工作者需要根据权力来源的不同,平衡他们自己的责任。这些权力来源主要有法律、组织、专业和个人,它们每一个都蕴含着期望和价值,在某种程度上,即使存在着交叉,也不尽相同。这些责任多元化的范围很广,如图 4.2 所示。有时候调和这些差异是非常困难的。我们面对人们需求的多样性这个复杂情况(明显的不同在于,需要(need)可以专业化地来确定,而欲求(want)表达的是个人自己的愿望和选择),社会工作者力图给予满足。这意味着社会工作不能简化成一个简单的公式或一些程序,用这些公式和程序来控制为数不多的事情,那是不行的。社会工作者需要有鉴别地、明确地处理复杂的问题,当然其中也需要丰富的想象力和创造力。社会工作者的第一个任务应该是了解服务使用者、他们的父母或照顾者的愿望,但是在家庭内,在儿童、青少年和成年人之间、在成年夫妻或前伴侣之间或者在家内其他成年人之间,这些期望也许存在利益冲突。另外,社会工作者有责任坚守自己的价值和专业观念,有责任与小组内的同事协调工作,社会工作者也可能被雇佣,需要履行职责,满足服务提供机构的要求,贯彻执行国家法律法规。因此,试图用简单的规则来概括这些内容,不是一件轻松的事。

在专业实践领域和管理控制之间调整压力

达斯汀(Dustin, 2007)的研究发现,20世纪90年代英国社会服务组织的重组导致管理主义(Managerialism)的兴起,**管理主义**是一个专业术语,用来指管理者控制环境(即遵守、顺从那些要求和需求)优先于专业责任。一个重要后果是成年人社会照顾服务的提供者不再单纯地依据人们的需求供应服务,而不得不服从于**商品化**的压力,也就是变成在市场上出售的商品,不管需要怎样(或许需求上升),它的定价、支付和销售,根据财务评估标准决定,而不是考虑无形的、以人为本导向的标准,也不考虑人的脆弱性、个人和社会的需求(Dustin, 2007, p.59)。

通过对社会工作者决策的基础进行研究,发现在满足个人专业社会工作观念和成就责任与迎合雇佣单位的要求之间,存在一种紧张的关系。目前存在一种趋势,当实践者处于这种紧张状态下,往往更多地满足组织的需求,丧失了应用和发展专业的能力(McDonald et al, 2008;Sulivan, 2008)。

在法律运用、自由裁量与判断之间管理压力

政府在工作中要考虑到普通公众的需求,制定法律也是为了推动它的这项工作。社会工作者是政府的工具,必须依法服务公众,当他们干预人们生活时,也必须遵守法律。社会工作者通过雇主,在法律和规定框架下从事社会服务,向政府负责。在一些地方,社会工作者没有任何自由裁量权,但在有些地方,他们有很大的自由裁量权,能够决定怎样进行工作。

所以,社会工作者并非简单地使用法律。在一些特殊情况下,社会工作者从事工作一方面遵从法律条文,另一方面又根据具体情况运用自己的判断来决定。法律规则具有不同形式,从专家视角看,也有不同类别(Braye and Preston-Shoot, 2009, p.92),如下所示:

- 议会法案:这些法案规定了社会工作者的权利义务。
- 政策条例:详细地规定了怎样执行权利履行义务。
- 指导文件:由政府公布,反映了机构政策和工作。
- 规程:机构的指导原则,明确了员工如何工作。
- 法院判决:解释法律,形成判例。

在儿童、家庭和成年人服务方面,特别是由于精神健康问题、残障、年老而表现得脆弱的人群,社会工作者在工作中要依赖主要法律。社会工作者代表地方政府执行任务,提供服务,他们运用权力、履行责任。他们的实践工作取决于三个方面:责任、权力和义务。

在实践中运用法律的基本伦理原则

社会工作者的责任很多时候来源于雇主和他们工作的机构。社会工作者并不是一种自由职业,他们是机构的员工,最终为国家工作。他们实践工作的基础是伦理标准,这些标准有利于保障接受服务者的权利,也能保护他们的隐私,尊重他们的选择权利,直接选择适合自己的处置方式。

指导社会工作者的伦理原则,并非直接来自于他们服务的对象,一些重要的原则能够从以下工作标准中总结概括出来:使服务使用者的声音能被听到,优先照顾那些愿望"很难被听到"或"没有机会被接受"的人,反对歧视促进以公平为基础的实践工作。

确保服务使用者的声音能产生作用

对公众的责任——特别是服务使用者和服务照顾者——自20世纪90年代以来已经逐渐成为政府的当务之急。法律措施能使人们的声音传达上去,使他们的不满被听到,从而通过这种措施,使人们的建议和贡献发挥作用。于是,法院的正式判决和质询服务的不足开始重视服务使用者的观点和体验。然而,如果没有界定,调查也就无法进行。很多调查是由个人进行的,甚至可以肯定地说,这样的调查并没有遵从相同的程序,证人不得不参加并作证。很明显,政府机构有申诉程序,但是内部渠道已经废弛,不满意见反映到地方政府的巡视官员,儿童也能向儿童专员抱怨。在英国每个地区都有一个儿童委托机构,只是每个地区儿童委托机构的权力有所不同,英国儿童委托机构绝不是一个非常有权的地方。儿童表达自己的主张,自信地表达不满、问题或困难,还存在一些明显的阻碍。

将"很难被听到"或"没有机会被接受"的人放在优先位置

对社会工作者来讲,至关重要的是认识到人的多样性,在考虑他们独特的体验的基础上,能够在评估他们需求和做出决定时帮他们表达各自的意愿。在很多地方,多元差异的幅度在不断扩大,在英国很多省级城市,学校学生说着10多种语言,在伦敦的学校中,存在着300多种语言。研究显示,在英国社区工作中面对不同文化、民族、信念,以及多数和少数社区,真实、明显的差异程度也许并没有被充分地意识到(Institue of Community Cohesion, 2008)。社区差异性的结果包括日益增长的富裕和分裂,在这样的社区工作时,社会工作者需要考虑这种变化的意义,尤其需要保障那些很少能够被注意的人能够优先使用所有的资源和服务。

在消除歧视和宣扬平等的实践中面临的挑战

社会工作者的一个基本关注内容是警惕歧视,无论是来自性别、年龄、种族还是身体残障。在意识到差异和承认歧视之间,存在的需求有很大不同。歧视是基于事实和被认可的差异而产生的不平等、不公平的对待。涉及少数民族时,多样性和差异性才被人们意识到,然而,在现实中重要的是在本土社区(这个词在此传统上是指,长期居住在一个地方的人口,也可以用来指少数民族所在的社区)中判断它的本质。社会工作者需要敏锐意识到社区的这种差异,能够抵制个人或群体企图否定其他人或他人观念的合法性。这对实践者造成挑战,他不能否认个人的本质和价值,必须努力将这些歧视性价值置之一边,不让它们产生冲突。

小结

本章主要解决了法律体系与社会工作的关系,讨论了社会工作者权力、责任和义务的法律基础——他们的机构——分析了社会工作是如何组织起来的。本章也展示了社会工作运用法律的几种方式以表明,即使社会工作者不是律师,他们详细准确掌握与儿童、家庭和成年人相关的法律,也能使他们贡献自己的力量,满足人们的福利、需求、期待和愿望。

推荐阅读

一份伦理概念和责任义务观念和理念的分析材料:Bank, S. (2006) *Ethics and values in social work* (3rd edn), Basingstoke: Palgrave。

将近700多页关于社会工作的主要法律的权威参考资料: Brayne, H. and Carr, H. (2008) *Law for social workers* (10th edn), Oxford: Oxford University Press。

网络资源

第三部门的重要资料:

志愿组织国际委员会,协调志愿组织、提供信息和资源:www.ncvo-vol.org.uk/。

第三部门办公室,依据政府内阁办公室,支援部门的协调政策:www.cabinetoffice.gov.uk/third_sector/about_us.aspx。

英格兰志愿者,志愿者协调组织:www.volunteering.org.uk/。

第二部分
社会工作实务

第五章 儿童、青少年及家庭社会工作

简 介

　　本章主要阐述了政府政策在促进儿童照料、解决儿童及家庭社会工作存在的问题等方面所起的重要作用。自20世纪末起,政府政策便致力于提升儿童照顾与教育质量,这与截至2020年消除儿童贫困的核心目标接近一致。与父母一起努力,拓展儿童早期服务是首要任务,以《0—3岁育婴指南》(*Birth to three matters*) (Sure Start Unite, 2002)这本书的出版为标志,为完善婴幼儿的照顾提供了动力。同时,与学龄前儿童、小学生、初中生和更年长的儿童相关的社会工作在许多倡议中都备受关注,这些都促成了众所周知的《儿童事务绿皮书》(*Every Child Matters*)的出版。

　　在英国,社会照顾和社会工作在儿童及家庭领域与成年人领域有一个普遍的划分。在一定程度上,这个界限的划分是人为的,因为在理论上,家长作为照顾者,当儿童需要帮助时,他们能够得到服务,这使得儿童像成人一样得到社会关爱的服务。这些问题检验着政府在提供分娩照顾、教育、健康、住房和社会服务时是否

协调以及能否满足特定环境下个人需求方面的能力。社会工作的一个显著特征就是从业人员能够人尽其才,让这些愿望转变成现实。儿童服务方面也存在着致命缺陷,很多调查报告中显示,最主要的问题就是不同机构和专业人员之间缺乏有效的连接(Reader and Duncan, 2004, p.98)。顺便一提,这并不是说我们必须接受这些调查报告的事实价值。巴特勒和德雷克福德(Butler and Drakeford, 2006),通过对这些调查中的相关政策进行批判性分析,提高了我们对于谣言的辨别意识,同时也在大众面前树立了社会工作的公众形象。这些调查是社会工作者众多媒体代表的一部分,但这些调查本身并不能反映社会工作者每天的工作状况。

针对儿童开展的社会工作通常是服务于儿童家庭的。牢记和理解英国以及其他西方国家的家庭概念是至关重要的,无论家庭中父母或其他亲戚是否健在,是否彼此联系。有时即使孩子的亲生父母不是孩子的重要他人,也会有其他成年人扮演照顾者角色,是孩子的重要他人。因此,不管儿童的处境如何,儿童社会工作都意味着为儿童及其家庭或照顾者提供服务。

社会工作者在与很多机构合作一起满足儿童及家庭需求中发现自我,实务工作者采取行动,确保各项决定在相互连接的实务工作中得以实现是非常关键的。

在英格兰和威尔士,儿童、青少年及其家庭都会从儿童服务机构里面得到服务。这些机构始于2000年至2010年间,是儿童服务从原先的社会服务部门独立出来并与此前的地方教育部门合并之后建立的。英格兰、威尔士和苏格兰的具体做法是有区别的,在英格兰和威尔士,大多数面向儿童及其家庭开展的服务是与成年服务分开组织和管理的。而在苏格兰,社会工作部门在大多数时候承担了所有范围的社会服务,包括了有需要的儿童及其家庭、青少年和成年人,甚至儿童罪犯。

地方政府对保护儿童有法律义务,也要保障他们免受危害,健康成长,接受教育,有充分的社区参与。社会工作在这些领域担负着重要的责任,它需要提供机会去培养一些重要领域的专家,并创造为儿童、青少年及其父母或是照顾者服务的充满挑战但有价值的环境。

实务背景

改变家庭:建构童年

家庭结构和家庭成员的生活正在改变,童年既是社会学上的建构,也是生物学上的事实。随着社会的不断变化,家庭结构和家庭成员的生活方式也在不断改变。在英国,正如在其他西方国家一样,也因为经济和社会环境的改变而改变了家庭的结构。布拉德肖等人(Bradshaw et al, 2005, p.71)指出家庭的经济环境是"影响儿童成长和之后的生活机会的唯一一个最重要因素"。在这些因素中,财富与收入是最重要的,出生于社会底层的婴儿比出生于最高社会阶层的婴儿来说更可能遭遇疾病甚至死亡。

性别和权力不平等的影响

女性主义理论与20世纪60年代之后的研究为理解家庭动力学和家庭内外部的两性关系尤其是强调男女之间、家长与孩子之间的权力失衡作出了独一无二的贡献。这些不平等导致女性时常遭受虐待和暴力。从2006年3月至2008年3月,在英国超过14.4万个男性因对妇女实施暴力被起诉(CPS, 2009, p. 2)。《联合国发布的关于消除对女性的暴力声明》(*the UN Declaration on the Elimination of Violence Against Women*)(UN, 1993)中指出,对女性的暴力不仅包括身体的、性方面的和经济上的暴力,也包括心理上的和情绪上的虐待,比如威胁和其他语言暴力,此外也包括阻碍妇女去获取营养、教育和健康照顾。卡普尔(2000)指出,对女性施加的暴力是贯穿其生命始终的,从控制堕胎的决定,损坏女性生殖系统,非法买卖妇女和强迫卖淫,到妇女自杀或是被谋杀,在英国每个星期至少有一名女性被她的丈夫谋杀。在2009年11月,英国政府通过了一个关于加强尊重,提倡没有虐待,没有暴力,与男性迫害女性做斗争的决议,这个决议将作为一门必修课程让所有适龄学生学习(Travis, 2009)。

对儿童内在挑战性"问题"的社会性回应

一般而言,在西方社会比如英国,童年之后经历的"糟糕的青年期"或"青春期"被很多很多成年人尤其是父母认为是巨大的挑战和困难。例如,社区里的一些人,往往只根据青少年的外表和独特的穿衣风格,就认为成群结队走在街上的青少年是一种威胁。然而社会工作者在看待儿童、青少年及家庭的生活方面会显得更加专业化,尤其是当他们的问题已经影响到其自身发展或威胁到别人健康时。社会工作者和其他人(经常指代成年人过于冷漠)在看待儿童和青少年的经历就会有所不同。因此,社会工作者在为儿童、青少年提供服务时,必须妥善处理这种持续的、令人不安的、常常不可调和的差异性观点和体验。

童年：社会性的建构而不是生物学上的事实

儿童的地位处境在社会中向来成问题,这涉及一个更广泛的议题。童年常常被认为更是一种社会性的建构,而不是身体发育阶段的一个过程,这个过程是指所有的婴儿都是以一种相似的方式成长至成年。事实上,在前工业社会,儿童经历的童年与现代西方工业社会存在着很大差别。例如,在19世纪中叶英国快速发展的工业城市中,劳动阶级家庭中成长的儿童长大之后也会像他们的父母一样成为工厂和研磨坊的劳动力和长期工。在英格兰和威尔士,义务教育从1870年以后才成为法律,但仅仅在5—13岁之间的儿童才能享受义务教育。从此之后,国家承认了儿童的发展性需要,学前教育、中小学教育和一些儿童健康、娱乐、青年服务的专家,在儿童出生到成年期间一直给他们提供服务。

在谈到社会工作实务的具体细节之前,我们必须强调实务的两个重要方面:

> 第一,近几年,我们工作的重心由干预性工作转移到预防性工作。越来越多的社会工作关注于前期的预防,即经常和那些被认定为处于不利地位的家庭携手努力,通常这些家庭的孩子年龄非常小。这个观点可能被认为具有消极含义,但是从另一方面来说,正如帕顿(Parton, 2006)所认为的,前期的干预可以被认为是积极的福利,即在危机情况出现之前进行干预。

> 第二,关于儿童期的不同观点,在儿童方面的政策、法律和实务中都体现出一种张力。(见图5.1)

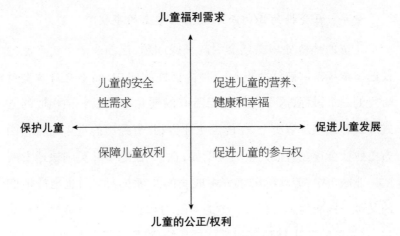

图 5.1 儿童阶段及主要观点比较图

保护还是促进：福利还是公平

自 20 世纪下半叶，与儿童、青少年相关的政策、法律和实务中体现出了一种在满足儿童的福利需求和促进他们的参与权之间的矛盾。这在《联合国儿童权利公约》中第 12 条得到诠释。这一条约得到了威尔士议会的支持，但是英国议会并没有完全采纳《联合国儿童权利公约》的内容，例如，他们认为儿童权利保障运动不能过于猛烈，也不能侵犯儿童权利，更不能将寻求避难的儿童羁押在看护设施里面。然而，支持儿童权利的运动仍在继续，举例来说，与其他欧洲国家一样，英国儿童承担刑事责任的年龄（即儿童被起诉的年龄）从 10 岁提高到 12 岁，甚至到 14 岁。一个名叫"不可战胜的儿童"的组织在英国进行宣传活动，为了保障人权和保护儿童权利的斗争正在为了一样的目标而努力（www.childrenareunbeatable.org.uk）。威尔士的一个出版刊物（WAG，2004a，2004b）提倡儿童拥有公民的权利,满足权利与义务,然而英国政策在《儿童事务绿皮书》(DfES, 2003)中反映了关于儿童安全措施和培育的需要。在 21 世纪前,通过英国的 4 个国家儿童委员会的努力,儿童权利得到进一步发展,尽管英格兰比英国其他地区更晚建立委员会,而且英国不同地区对于儿童权利来说还是存在不均衡的发展,在威尔士,儿童委员会成员在 2000 年出版了《照顾标准法案》(the Care Standards Act)。

政策和地方政府的服务

在 20 世纪的下半叶,儿童后期成长取决于在他们的早年是否拥有安全的依靠的观点得到越来越多人的认可,也就是说,时常得到父母的照顾,这可以作为增强他们未来应变能力的一种手段,应变能力也就是他们去克服消极经验的能力。地方政府对于儿童的服务都是预防性的(促进好的父母教育,积极的家庭经验教育和健康与生活质量的提高)和干预性的(利用法律去保障儿童远离真实的暴力或是伤害的风险)。

实务的法律基础

有两个主要的法律措施影响着对儿童和家庭服务的本质和传送。除了 2000 年出台的《照顾标准法案》用来应对儿童服务的规则和检查制度,还有 1989 和 2004 年出台的《儿童法案》。随着儿童和家庭的教育与社会服务的整合,以及儿童信托制度在英国的建立,同时,儿童和青少年的伙伴关系在威尔士的创立,《2004 年儿童法案》出台后英格兰和威尔士的儿童服务被重构了。儿童信托机构将所有对于儿童和青少年的服务整合在一起,以改善服务结果。在《2004年儿童法案》指导下，他们发展了儿童信托制度，为儿童和青少年规划和提供综合的福利服务。这使得整合策略成了必然，要整合公共部门、私人部门、志愿和独立部门中的从计划到委托服务的过程，整合为儿童、青少年和家庭服务的过程，而不是在现有的机构边界内开展专业服务。

《1989年儿童法案》(1989 Children Act)

在《1989年儿童法案》确立了法院和专业人员在做决定或行动时，儿童福利必须得到优先考虑。这并没有解决发展儿童福利和促进儿童权利之间的张力，而社会工作者应该平衡这些竞争性的目标。自从1990年后，越来越多的人意识到一些儿童的脆弱性和对儿童的虐待的现象，并趋向不把儿童看做被动的和依赖别人的人，更多地被当做一个积极的并且善于表达的参与者和决策制定的贡献者(James and James, 2004, pp. 191-192)。社会工作者在支持儿童这个过程中起到了至关重要的作用，尽管当儿童被伤害或处于即将被伤害的情况下干预是必要的，预防的工作也是需要被及时采取的。预防就是要采取一系列方法去保护儿童远离危险。当儿童的需要只有通过监督他/她或其家庭的时候才能被满足，或是没有其他可行的选择时，进行一定干预，让儿童暂时或是永久地远离家庭变得十分必要。这需要居住在孩子家中或是不远的住所，或是被抚养（暂时被照顾），或是被收养（永久地换环境，让孩子被其他人而不是他的亲生父母教育）。

鉴于以上几点，《1989年儿童法案》反映出如下准则：

- 收回并尽可能地最大限度减少国家干预；

- 保护儿童远离危险并保障他们的福利;
- 让儿童考虑其自身的权利并确保他们参与到那些关于自身的决定;
- 接受对于儿童而言最好的地方是儿童自己的家庭这个观点。

法案支持的措施是鼓励地方政府,作为国家的代表,应该仅仅是干预那些满足门槛标准的案例。这些门槛标准包括:

- 关心儿童是否遭受威胁或是脱离父母的掌控。
- 尊重儿童并确保观点和希望是否是儿童所愿意的。
- 给儿童提供福利支持。
- 最大限度地推迟儿童在法庭的情况。
- 法庭不应没有秩序,除非儿童在这个过程中能受益。
- 澄清家长责任的内容和适用范围。**家长责任**这一术语是指在《1989年儿童法案》及随后的《2002年领养和儿童法案》(*Adoption and Children Act*)中包含的父母对孩子的法律义务、权利、权力和责任,它确保了未婚母亲和未婚父亲可以承担家长责任。

在《1989年儿童法案》中包含了**福利核查清单**(welfare check-list)(表5.1)给出了法庭给予每一个孩子的福利核查清单。

表 5.1　福利核查清单

法院需要考虑的内容：
儿童的想法和感受,考虑儿童的年龄和理解力
儿童生理、心理和教育方面的需求
任何变化可能对儿童造成的后果
儿童的相关特征,如年龄、性别、背景等
儿童遭受伤害的概率
儿童父母的能力及监护人在法庭上的观点
尽法院最大的能力

总的来说,被社会工作者所执行的地方政府的责任包括:

- 辨认出哪些儿童需要帮助;
- 评估儿童的需要;
- 确保需要帮助的儿童得到的服务满足了他们的需要;
- 防止虐待和疏于照顾,减少照顾过程中的需求;
- 对有身体损害和学习障碍的儿童进行登记。

保护儿童

暴力会对儿童造成心理伤害。根据英国的调查数据(2006)显示,从儿童与青少年给出的数据可以看出在典型城市的 10 万个儿童中——比赫尔(Hull)多但比利兹(Leeds)少——每天 15 岁以下的儿童中就有一位被杀害,而且通常被父母杀害;超过三分之一的儿童被父母殴打;超过 1 万个儿童在他们长大之后在某些方面被性虐待,或是虐待、暴力和忽视,而 240 个儿童在儿童保护计划

(child protection plan)中将成为重点。

自从《1989年儿童法案》之后，**保护儿童**(safeguarding children)这个术语就被安置在儿童社会工作的最前沿。在此之前，有一个连发性的丑闻得到关注，从20世纪40年代之后(Curtis Committee，1946)，他们中有些人直接致力于改革，提高儿童照顾政策和实务。在21世纪的前期，儿童保护的专业范围包括被虐待和面临虐待的危险之中的儿童，通过媒体的传播使得被严重伤害或是被杀害的儿童成为公众话题，引发世人关心。兰姆爵士(Laming，2003)通过对克里姆比尔·维多利亚的非法死亡进行深入调查推动政府出台了《儿童事务绿皮书》(DfES，2003)。儿童保护法案的设立和一系列部门之间的合作，把儿童服务整合连接在了一起。在2008年，婴儿皮特的非正常死亡重新点燃了公众、专家和政界对于英格兰在儿童保护方面的不足之处的关心。兰姆爵士(2009)在他的早期著作中写了一篇附加报告，提及要提高对于社会工作者的训练，给他们的实务以更多的支持和额外的措施来保护儿童。政府的任务是辨认出社会工作者的不足和尽力补救这些不足。

《2004年儿童法案》

《2004年儿童法案》补充和完善而非取代了《1989年儿童法案》。在《儿童事务绿皮书》的基本框架下，《2004年儿童法案》发展出了对政策和实务都产生影响的五方面要素：

- 安全住所；
- 健康；
- 享受并能达到(目标)；

- 持续的经济福利；
- 对社会有积极贡献。

社会工作者与其他专业人员承担着健康、社会照顾、社会服务和儿童服务的责任，并促进儿童、青少年和成年人的健康。全国服务框架(The National Service Framework)(DfES and DH, 2004)建立了国家标准以促进儿童和青少年的健康和福利，包含以下11条标准：

- 标准Ⅰ：通过全民健康服务和地方政府合作设立的儿童健康促进计划，识别需要和进行早期干预。

其他的十项准则如下：

- 为父母提供支持；
- 儿童和青少年社会工作中家庭为本的服务定位；
- 保障和提升儿童与青少年的社会福利；
- 生病中的儿童和青少年；
- 残障或是有复杂健康需要的儿童和青少年；
- 儿童和青少年的精神健康和心理健康；
- 儿童和青少年的药物；
- 孕妇服务。

儿童和青少年的健康水平的提高取决于他们的积极参与度和增能，通过：

- 给予他们关于危机事件的信息；
- 鼓励他们有自己的看法；

- 给他们机会去告诉决定者他们的看法；

- 告诉他们，他们的观点对于服务起到了塑造作用，给予他们反馈；

- 确保获得来自于不同年龄、能力、文化和背景的儿童和青少年差异性观点的途径。

社会工作要满足儿童具有多样性与复杂性的需要

越来越多的人认为所有的儿童都是不同的，而这种不同让满足他们需要的切实有效的方法更加复杂（James and James, p.13）。社会工作者经常与那些与其他服务脱离的儿童合作，比如那些寻求避难的儿童、难民和旅行者以及存在非法吸毒和酗酒问题的更年长的儿童和青少年，或是那些怀孕却又没有能力去独立抚养孩子的女孩，这些都是社会工作者的工作范围。社会工作者也会接触那些因存在身体损害而生命受到疾病威胁的人和他们的家庭。社会工作者更可能被雇佣当问题变得更为复杂时。

危机或是伤害：预防还是干预？

威胁或是危机的概念，在社会工作界被广泛认可的是，强调两个类别的工作——干预和预防。干预是在问题变得明显的时候采取的，而预防——顾名思义——是为了防止问题变得更糟糕，或是防止风险第一次出现。

社会工作的服务的批评者认为，那些影响儿童的问题应该被"扼杀在摇篮"里面，这就意味着特别是对那些年幼的儿童来说，可以在家庭内接受评估，通过预防性的社会工作避开未来潜在的风险。对于实现这个目标有一个简单的障碍：家庭环境会对儿童童年甚至成年期产生影响,在这个情况下,很多儿童的经历受他们童年的一种或是其他因素干扰,除非采取专业的干预,否则没有现行的技术或是工具去确保对于儿童或成人经历的这些问题有一个准确的预测结果。这就是为什么社会工作、心理学、精神病学和很多治疗方法被认为更趋近于艺术而不是科学。

社会工作承担起领头的责任:确保地方政府选择对于儿童和他们的家庭来说具有最少的限制和最轻的危害程度的方案。这说明在可能的情况下,社会工作者应该:

- 避免儿童陷入被照顾状态;
- 尽量减少处在照顾状态中的儿童的照顾时间;
- 当儿童可以脱离照顾时,尽可能确保这个过渡是平顺的、支持性的、积极的。

社会工作实务的场所

对于儿童的社会工作可以在多种场合开展,包括正式的和非正式的场所。也就是说,儿童社会工作发生在任何地方——在家中,在学校操场,在宿舍,寄养照顾和领养机构,甚至在儿童福利中心。儿童福利中心是在一个名叫"确保开始地方项目"(the Sure Start local programme)的影响中产生,政府根据此计划,对儿童福利中心进行扩建。

"确保开始地方项目"($SSLP_s$)始于1999年,旨在给家庭提供额外的支持去减少社会排斥对贫困家庭的儿童及其家人的影响。2005年之后,儿童福利中心逐步取代原来的"确保开始地方项目"。

调查表明,总的来说,儿童在"确保开始地方项目"中受益的主要原因在于监护人教育子女的水平的提高(Belsky et al, 2007)。社会工作者在这个过程中起到了至关重要的作用:帮助那些家里有学习缺陷的、有精神健康的或是有药物和酒精上瘾的问题的儿童和青少年,使他们获得享受服务的途径。

社会工作实务的方法

实务的准则

儿童和家庭社会工作的实务具有整体性,是以儿童为中心、以福利核查清单中列举的,《1989年儿童法案》中的福利准则为指导的(见表5.1)。整全实务(holistic practice)是一个专业术语,指代的是根据存在的环境和家庭而言,把儿童当做一个完整的个体来看待。所以,在家庭和更广的社会环境包括社会排斥的程度、在当地社区的房屋的质量和支持与资源可获得的程度的背景下,社会工作者在评估儿童的时候,应该和儿童与家长或是照顾者达成一致——综合考虑儿童需求的整体性。

最为重要的实务工作是以儿童为中心的,不仅仅是在某一程度上倾听儿童的需要(Mcleod, 2007, p.278),并且他们的权利要被保障。这种以儿童为中心的实务的范围可以在下面的图中表现出来(见图5.2)。

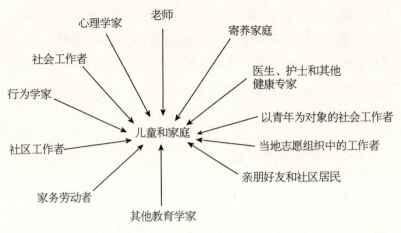

图 5.2 以儿童为中心的实务

儿童和家庭的社会工作需要很多方法,从治疗工作(therapeutic work)、小组工作(group work)到一系列预防方法。有时健康和儿童服务必须拓展到治疗或健康服务(包括辅助性治疗),成为如下面的案例所示的满足儿童需要的计划中的一部分。

案例

卡拉是一个六岁且患有哮喘病的女孩。她从婴儿的时候就遭受间歇性湿疹的折磨。药物已经不能控制其越来越差的(身体)情况。卡拉的社会工作者一直在支持卡拉的单亲母亲,这位母亲遭受抑郁症的折磨,通过低回报的兼职或是非义务性工作或是在非正常工作时间的时候工作,两人携手极力解决债务问题。

社会工作者通过跨学科的儿童和家庭服务团队将卡拉转介到当地综合健康照顾中心,该健康中心由基本照顾信托(primary care trust, PCT)运营。经过一位全科医生(general practitioner, GP)(必须具有注册资格)六个月的顺势疗法,卡拉的病情有所好转,并得到了控制。

儿童与家庭实务治疗的关键阶段

社会工作者在儿童和家庭治疗过程中起到了重要的作用,通过以下几个关键阶段:

- 调查;
- 得到一个最初的评估;
- 得到一个核心的评估;
- 与儿童和所在家庭咨询计划服务;
- 干预和实施服务;
- 回顾和评价服务。

开展这些工作需要具备专业知识和熟悉法律的专业人员。《1989年儿童法案》就是一个好的例子,它指定了法定地方政府包括相关部门在某些领域的责任,比如:

- 调查和确保战略会议的义务(第47部分);
- 儿童需求评估的顺序(第43部分);
- 紧急保护的顺序(第46部分);
- 政策保护(第46部分);
- 不同监管的顺序(第31—35部分)。

实务

实务的过程是通过整合儿童的系统来管理的,也就是旨在通过完成整合的办法去实现评估、计划、干预和回顾,同时记录这个系统性的信息技术(information technology,IT)。尽管这个整合的方法保障和处理儿童虐待和保护儿童有关的工作吸引了大多数公众的注意,社会工作者在儿童和家庭这个领域承担了重要的责任也是事实。比如,在特定情况下,有对一个儿童进行虐待的指控,社会工作者对调查负有责任。

案例

案例来自一个虚构的家庭哈迪家,因为收到了一封哈迪家保姆的信,地方政府雇佣社会工作者去其家里调查。调查表明哈迪夫妇来自受人尊重的中产阶级家庭,却对他们的孩子带来了明显的伤害。这个个案是在《1989年儿童法案》第47条的指导下展开调查的。尽管被其父母阻止,社会工作者仍坚持探望年仅6岁的姬玛,与她交谈。社会工作者在咨询报告中完成了福利核查清单。这个清单后来被作为一部分证据用于法庭判决当中。

调查性社会工作(investigatory social work)不是在一个宽松的环境中开展,比如像是家庭成员的关系都很和谐,并且彼此相互支持。调查员的角色本质上是干预者。在这种情况下,社会工作者采取正确的调查方法,这个被兰姆(Laming,2009)称为"怀疑立场"(sceptical stance)的方法是至关重要的。这能够使社会工作者批判性地对待当时的状况,不是简单地接受表面的价值判断,而是对家长和照顾者描述的情况做好提出质疑的准备。社会工作调查员必须分别与家庭成员会面和对话,其中包括了家长、照顾者以及家里的每个孩子。

案例(后续)

初步的调查已经完成。社会工作者和小组同事共同商讨战略会议,并决定什么应该发生。姬玛被认为即将处于危险中,有可能更深的、更多的细节在询问下会被发现,但是对于保护姬玛来说,干预是第一位的。

对于如何进一步保护她,有哪些短期和长期的策略呢?这些主要的选择由社会工作者来决策,同时也可以咨询其他同事的意见。这些都是很重要的选择,对于家庭成员有严重影响,所以这些决定应该被经过全面地考虑。如果姬玛被认为处在紧急危险中,那么警察就可以立即带走她,使用警力对她提供保护,并在未来72小时将她留在安全地方。在《1989年儿童法案》的指导下可以实施以下儿童服务:

- 紧急保护令——根据第44条规定而出现的指令,地方政府中的授权者可以在短期内将孩子转移去安全的地方。

- 评估法令——根据第43条规定而产生的指令,要求评估儿童的成长和健康状况。

- 监督法令——根据第35条规定而出现的指令,要求将儿童安置在社会工作者或是缓刑监督官(probation officer)的监管之下。

- 临时照顾法令——根据第38条规定而产生的指令,地方政府可以为儿童提供8周或8周以内的临时性照顾,以便审查儿童的处境。

- 照顾法令——根据第33条规定而产生的法令。

用于地方政府为儿童提供长期照顾。

• 居住法令——第8、10(4)和5条规定状况下适用的法令。家长或是任何和儿童居住在一起的人和儿童生活超过3年时,居住法令会取代照顾法令。

专业社会工作者通过与孩子和家庭的工作来建立完善结果:初步评估、要点评估、计划、实施和评价。

107　*初步评估*

在很多个案中,社会工作者会做一个对于情况的初步评估,然后发现这个阶段的最好的行动是没有行动。依据《1989年儿童法案》的原则这通常是指"无作为"(no order)原则。这就意味着家长和照顾者应该独立抚养自己的孩子,而不需要政府的法律介入。

要点评估

这个环节旨在完成**整合评估**。要点评估的目的在于使得评估可以达到保证安全和促进儿童的福利的目的。一个要点评估可能需要家庭的每个儿童参与,在要点评估中需要考虑的因素有:

• 儿童的观点和希望;
• 家长或是照顾者的观点——这就是为什么被称为"与家长建立伙伴关系"(working in partnership with parents);
• 儿童发展的程度;
• 儿童有了解决定和情况的能力;
• 时间限制;
• 与儿童有意义的接触;

- 对于母亲来说,找到重要的机会让她可以参与进来(比如说,通过法庭履行孩子的照顾程序)。

初步评估在于找到儿童受到明显伤害的可能性或证据,这种状况下就会启动保护儿童的个案程序,包括在最短时间内召集儿童保护会议(Child Protection Conference),组建核心小组进行重点评估。儿童保护会议通常会在 15 天之内召开,并讨论近期的介入策略。核心工作小组通常会在会议后 10 天内组建完成,成员包括从事家庭工作的机构和相关专业人士。

要点评估需要时间来准备(规定 35 天以内),虽然要点评估会涉及很多不同的机构,而不仅局限在儿童服务部门之内,但却是社会工作的重要工作职责。在要点评估过程中,社会工作者通常会依据儿童成长方面的专业知识及其理解进行,这种方式被称为如下所见的"生态方法"(ecological approach)。政府指导的整合式儿童和家庭需求评估(DH,2000)就采用了这种方法,强调了儿童生活环境中的三个要素:儿童成长需要、家长和照顾者的照顾能力、家庭以及更广的环境因素。

儿童成长需要包括:儿童自理能力(self-care skills)、教育、健康、心理和行为的成长、与家庭和社会的关系。家长照顾能力包括:他们对于提供基本照顾的能力、确保安全、指导和解决困难的能力。家庭和环境因素包括:家庭历史和功能、更广阔的家庭、就业、住房、家庭收入、家庭和社区资源的社会整合程度。

将广泛的环境要素考虑在内的方法被认为是生态学的。他们增加了评估儿童的丰富度,超越了家长和照顾者构成的家庭环境,纳入了更广泛的社区和社会环境。把更广的环境因素考虑在内十

分重要,会对儿童产生直接或间接的影响,其中包括:

- 儿童家庭、学校或邻居的地点和位置;
- 家庭、学校和邻里如何相互影响;
- 儿童没有直接参与的环境设施的影响,比如其他家庭成员的工作场所;
- 更广的文化和信仰背景。

对上述评估框架有如下两个主要的批判:

(1)评估是基于儿童、家长及照顾者的缺陷的,而不是建立在对其优势的分析判断之上的。

(2)它容易被现有机构用于强化其有资质的服务内容,而不是真正回应人们的需求。调查显示一些地方政府申请服务资格的标准严格,这就限制他们满足儿童全面需求的能力,特别是那些肢体残障、学习障碍的儿童。依据《1989 年儿童法案》,大多数儿童实际上是有资格接受服务的(Morris,1998)。

计划服务

计划阶段非常严格,因为未来工作的成功取决于切实可行的行动计划,这一计划不仅仅应该满足地方政府和社会工作者的期望,更要满足儿童和家长的目标。

案例

埃里克斯是个单亲妈妈,她的儿子马克 7 岁。社会工作者发现久未联系的父亲威胁要带马克与他一起生活,在与父亲上一次接触后,马克身上有明显的家暴痕迹。社会工作者向她的团队小组领导反映了情况,启动了基于《儿童法案》第47条的调查,建立了儿童保护团队,进行重点评估。

马克一直在当地小学上学,表现良好。在随后的行动计划中,学校和社会工作者一起形成了新的、可分享的评估结果和确保马克成长没有受到不利影响的过渡方案,让马克立刻搬离学校的交通交汇处。

当考虑为儿童进行咨询的原则时,我们需要重视其背后的含义。这意味着儿童可以表达他们的选择和偏好。社会工作者要能给儿童**有根据的选择**(informed choice),这就是意味着给予儿童足够的信息,让他们在自己做出决定之前,可以考虑到所有的选择和可能的结果。特纳(Turner,2003)的研究表明残障儿童的大多数偏好被否定,尽管事实上,与其他人一样,他们也有自己的偏好。

实施

撰写报告并在法庭作证

社会工作者会花费大量时间用于撰写报告,比如,调查结果、初步评估结果和要点评估结果。社会工作者有时也要出庭作证,被律师盘问报告中的各种问题。报告中的每一个表述都需要有足够的证据作为支持,而在被盘问的时候,社会工作者需要给出直接的证据。

考虑到儿童和家庭的情况,社会工作者需要考虑:

- 在可能的情况下,明确儿童的期望(儿童有可能因为年龄太小而无法表达自己的想法);

- 儿童受到明显伤害的风险；
- 改变环境对儿童可能造成的影响；
- 家长是否能提供照顾；
- 儿童的身体、教育和心理需求；
- 儿童的年龄、性别、种族、文化和残障状况；
- 法院所有权力的本质。

支持儿童和家庭

从历史上看,在英国由地方政府照顾儿童的效果都不够好,尤其是对于那些院舍照顾或者反复在院舍照顾和领养照顾中转换的儿童。他们在学校的表现,以及未来发展方面和接受高等教育的状况都会变差。研究(见 Fletcher-Campbell 和 Archer, 2003, p.1)发现,总体而言所有离开照顾机构的人,接近一半没有进入普通中等教育(GCSE)或是英国教育体系(GNVQ)的第 4 阶段,比国家平均水平至少低百分之四。依据法律规定,儿童在 18 岁成年后需要离开照顾机构,这通常是一个痛苦的过程。对于社会工作者而言,改善儿童和家庭面对的这种状况和其他的后果涉及多机构的组织方法和跨学科的复杂实践过程。

案例

艾赫迈德今年 17 岁,社会工作者(一个儿童服务中的儿童照顾团队的成员)在五年前开始照顾他。他的社会工作者依据 2000 年《儿童离家照顾法案》(*Children Leaving Care Act*)与他一起工作。地方政府充当艾赫迈德的"法定父母"(corporate parent),并发展出法定父母的策略,这一策略在当地一群家长和儿童的参与下得到发展,儿童和家长的持续参与带来了服务、支持和照顾质量的改善。艾赫迈德的社会工作者也参与其中,这保证了他得以适应高中和大学生活。艾赫迈德的社会工作者意识到在这个个案中,他要一直提供儿童服务直到艾赫迈德在20岁出头完成高等教育。

有资格和经验的社会工作者很重要的一部分工作包括了干预、倡导和充当孩子的法定代表人(Brayne和Carr,2008,p.149)。显然,社会工作者虽然不是接受过训练的律师,但是他们需要掌握足够的法律知识去确保履行儿童和家庭的倡导角色,有时也包括儿童和家庭生活的干预者。

提升健康和福利

提升健康和福利是政府基于儿童事务政策(Every Child Matters policy)和21世纪早期的实务发展的政府政策的目标之一。社会工作者需要通过与儿童和家庭一起工作,解决肥胖症问题,而不是仅仅把肥胖视为家长的忽视和虐待而进行干预。被忽视儿童的体重过轻或超重,或是纵容孩子,都不应该自动地以同样的方式对待。肥胖症更多的是公众健康问题。社会工作者和健康专家在寻找简单方法"治疗"肥胖症过程中遇到了很大的困难,因为这是一个复杂的问题,常常从童年持续到成年阶段。

在儿童世界中处理死亡和丧亲之痛

死亡并不仅是局限于老年阶段。一些儿童经历了危及生命的疾病或情况,一些孩子经历了其他儿童、成年朋友或家庭成员的离世。社会工作者需要帮助儿童理解死亡的过程和状态,包括帮助他们意识到死亡是不可逆转的,也是必然的。年长一些的儿童经历丧亲之痛的反应与年幼儿童相比有很大不同,社会工作者要陪伴他们渡过这些难关。有时候，单亲或是双亲的死亡会导致儿童要被纳入照顾体系，也就是获得地方政府的照顾，而这也是这些儿童必须应对的额外的创伤。孩子可能需要和别人倾诉，而志愿者就是一个宝贵的资源。他们可以通过相册、记忆盒或是庆祝周年纪念日和生日等方式，帮助儿童创造一个保留记忆的方法。

解决药物滥用和酗酒问题

从20世纪90年代开始，青少年药物滥用和酗酒问题明显增加。接受治疗的人数大幅增加，其中包括2007—2008年超过6万名因药物滥用而被强制接受超过12周的规范治疗的成瘾者（见www. nta. nhs. uk_events/newsarticle. aspx? NewsarticleID=50）。

酗酒和药物滥用对成年人和家长也会产生危害，因而他们中的有些人忽视儿童照顾或将儿童置于风险境地。

然而对于政策和法律应该在何种程度上杜绝青少年和成年人非法用药和限制酒精滥用，并没有一致的看法。毫无疑问的是越来越多的便宜且有害的药物的滥用比如海洛因等，以及广泛传播的广告和市面上便宜酒精的泛滥，加剧了有害物质滥用这个问题。

社会工作者应该与这些滥用药物和酒精的人一起努力，帮助他们改变不良习惯。政府的药物政策由全国物质滥用治疗局（National Treatment Agency for Substance Misuse, NTA, www. nta. nhs. uk）制定，其目标是治疗人们的坏习惯，增进他们的健康和稳定性并减少犯罪行为。社会工作者同时也负责解决因为物质滥用而产生的后继问题，比如婴儿可能一出生就对海洛因成瘾，儿童可能生活在包括父母在内的家庭成员都吸毒的环境中。酗酒可能与家庭中的暴力犯罪行为关联在一起（也被称为家庭暴力，一个看似被家庭化并把犯罪程度减轻化的术语)。

为难民和寻求避难者工作

难民和寻求避难者通常在英国的不同社区居住,社会工作者通常的工作对象是包含正在过程中的,或已经批复的,或申请被拒绝正等待被遣返的有孩子的避难申请人。对于申请人而言不同的处境会产生不同的问题,社会工作者必须要有能力胜任这一工作,因为有时会处在很大压力和充满不确定性的状态当中。有些社会工作服务是在港口和机场的附近开展工作的。

案例

梅根是一个在航空港提供避难服务的社会工作者,地方政府控制的英国一个主要机场。儿童和家庭的服务团队就设在机场。梅根的专门服务集中在新生儿至 16 岁的儿童。其他社会工作者则负责为年龄更大的群体服务。

每个星期有超过 6 个孩子到达并通过机场人员的转介来寻求避难服务。尼塔是一个昨天刚到达的 15 岁的女孩,梅根和她的同事根据常规方式对她进行评估,以确认她是被拐卖还是无人陪伴的未成年人。梅根意识到尼塔在她的旅途开始前或在途中曾遭受虐待,现在仍存在精神创伤。梅根服务的重点就是提供迅速有效的服务,对儿童和家庭的需求和希望保持敏感度。

来源:源于对真实案例的描述(Sale, 2008, pp.20-21)。

干预或是预防

儿童与家庭的社会工作团队经常被认为是消防队,都是在紧急情况下去处理危机的。然而与消防队并不完全相像的是,至少消防员,或多或少,在火被熄灭之前仍坚守阵地。进而消防队的工作还包括教育公众怎么预防火灾发生。

115　　不幸的是,大多数社会工作者掌握的儿童和家庭的资源并没有用于预防问题的发生,而仅仅是在家庭已经出现伤害或是虐待状况时进行干预。同时,重点在于调查虐待状况,而不是为儿童和家庭长久提供后期治疗和发展支持。这对未来一代的社会工作者而言是一个很大的机会去发展面向儿童和家庭的预防性社会工作,以及在获取社会工作者资格后进一步提升专业治疗技术。

面向贫困和社会排斥的工作

成年人之间的家庭暴力(多数共同点是男人对他们的女性伴侣进行暴力)不存在财富或是社会阶层的差别,它会发生在社会的任何阶层。相比之下,大多数保护儿童的社会工作——比如受到虐待或是疏于照顾——多发生在贫困家庭。

家庭支持和抚养改善

政府通过社会排斥任务小组内阁办公室(Cabinet Office Social Exclusion Task Force),在 2007 年完成了危机家庭调查并探讨如何给大约 14 万个危机家庭提供支持,这些家庭被认为需要在某些家庭生活的关键时刻给予量身定做的支持(Social Exclusion Task Force, 2007)。这些处于危机的家庭呈现出五个或是以上的社会排斥特征,包括:

- 糟糕的居住环境;
- 家庭成员都处于无业状态;
- 家庭收入低于中位数(最高收入和最低收入的中间值)的 60%;

- 家长没有任何专业资质;
- 母亲有精神健康问题。

政府采用了双重方法来提高这些"危机家庭"中的儿童的家庭生活:更好的家庭支持和提高家庭抚养的措施。儿童、学校和家庭部(the Department for Children, Schools and Families, DCSF)通过家庭干预项目(Family Intervention Projects)和与之相连的家庭干预小组(Family Intervention Panels)等措施,提供更好的家庭支持。家庭干预项目的基本原则包括:

- 确保对家庭需求进行整体评估而不是孤立判断(也就是说,不是单独评估住房、就业等状况);
- 确保成年的家庭成员被专业人员视为有孩子的成人,也就是父母;
- 增强家庭的优势;
- 基于家庭的独特需要提供支持和专业服务。

案例

梅根是为哈珀家庭提供服务的社会工作者,哈珀通过镇上的家庭干预小组来获得支持。这给家庭提供了更多的家庭支持资源,包括与一系列专业人员合作,为3个小于5岁的孩子,3个青少年以及单亲母亲和她的新伴侣服务。服务工作主要有帮助其中刚刚经历了流产的13岁的女儿,帮助14岁的、沉溺于酒精的儿子,和15岁的、被学校开除的另一个儿子,他正因为法庭上面的表现而被强制参加了一个愤怒管理项目。梅根忙于与学校的老师联系让孩子重返学校。在这个过程中,老师和社会工作者都发现彼此新的角色并更加紧密地合作。

教育整合方法的发展和儿童家庭社会工作专业的发展是一个相互学习的过程，可以提供服务效率。下面是一个面向儿童和其家庭的预防性社区工作案例。

案例

帮助自我（Help Ourselves，虚构的名字）是一个由当地儿童和青少年组成的行动小组。它为自身成员和其他儿童和青少年制订了活动计划，由地方政府和社区共同资助。帮助自我获得了当地儿童和家庭服务团队社会工作者的支持，社会工作者促成他们的聚会和活动，而不侵占儿童和青少年在小组中的领导权。

保护儿童

与其他西方国家一样，英国也拥有儿童保护的国家规范体系，保护儿童免受威胁，这个体系自1970年开始正在逐步完善。这个体系需要各领域的专家，包括警察、医生、护士、老师、律师和法官等，但是社会工作者在情况调查、干预家庭、必要时将儿童带离父母或其照顾者等方面扮演决定性角色。

案例

阿尼克，15岁，在12个月之前离家，目前和她的寄养父母生活在一起。她举报继父对她进行性虐待，继父因此正在监狱服刑。她的母亲因为她揭露父亲并致使家里没有了父亲的角色而责怪她，因此阿尼克在这个家不再受欢迎。阿尼克的社会工作者正在协调她和她母亲的关系，确保她完成学业并实现她成为一名护士的长远目标。

在《2000年犯罪公正和法庭服务法案》(Criminal Justice and Court Services Act)的影响下,儿童及家庭法院咨询服务(The Children and Family Court Advisory and Support Service,CAFCASS)取代了此前的家庭法院福利服务(Family Court Welfare Service,FCWO),用来保障儿童福利,提供法院咨询,在家庭诉讼(也就是在法庭)中能够代表儿童,并在诉讼过程中为儿童和家庭提供信息、建议和支持。

面向无家可归的青少年的工作

罗宾逊(Robinson,2008)指出了这一实务环节缺失的严重性。从1970年早期第一次统计无家可归者的数量开始,无家可归被政府视为一个重要的社会问题(Robinson,2008,p.15)。总体来说,被专业人士定义为无家可归者的数量比地方政府所报告得多(Robinson,2008,p.19)。在英国大概有40万"隐藏"的无家可归者。无家可归的青少年的数据一直都是未知的,因为官方数据并没有把无家可归的青少年单独统计出来(Robinson,2008,p.15)。

在英国,每一年都有大概10万个儿童和青少年离家出走或是离开照顾机构。在2009年,政府颁布了一个失管青少年行动计划(Young runaways action plan,DCSF,2009)。

案例

阿卜杜勒,17岁,逃离他在小镇的家,在伦敦艰苦生活,后被儿童慈善机构的志愿者找到,目前与寄养父母一起生活。他的社会工作者正在尽力联系他的家庭,探明他离家的原因,以便与他一起评估他当前的状况,并决定未来他是应该返回家庭还是自己独立生活。

学校社会工作者

从 1960 年开始,时任西约克郡(West Riding of Yorkshire)教育部长的亚历克·克莱格(Alec Clegg)先生,就陆续给学校介绍全职社会工作者(Clegg 和 Megson, 1986),在英国社会工作者都不同程度地与学校联系在一起。在英国和威尔士的儿童整合服务中,学校有越来越多的机会让儿童和家长可以迅速、便捷地获得专业服务。

然而这一趋势需要确保专业人员,比如老师和咨询员,不会依赖社会工作者去解决那些需要自己解决的问题。这意味着在学校的所有专业人员,包括社会工作者,需要澄清学生的各种问题的本质,并确定评估和回应的方式。

有特殊需求的儿童的社会工作

有自闭症和阿斯伯格综合征(Asperger's syndrome spectrum)的儿童可能遭受很多问题。这些儿童常常是学校融合政策和实务的关注点,也就涉及将他们纳入主流教育的各种策略。然而,老师和社会工作者在各种情况都将儿童处于主流当中是否明智方面存在争论,这种状况在 21 世纪早期不断发展,专家们提出发展一些特殊教育,强调特殊儿童的社会需求仍然需要通过高度支持性的、非耻辱化的独立设施和服务得以实现。

儿童有可能患上注意力缺陷多动症(attention-deficit hyperactivity disorder, ADHD)。有注意力缺陷多动症的儿童表现出无法持续注意力,冲动和没有意愿进行任何活动。"多动"(hyperactivity)和"行为表现差"(bad behaviour)等术语经常被用来指代注意力缺陷多动症的行为,一些人拒绝将它视为病症,就像诵读困难(dyslexia)作为病症,很多年以来都是有争议的。

要准确掌握注意力缺陷多动症的数据是非常困难的,它大致影响约5%的儿童,也就是每个30人班级中,平均有1到2个儿童患有注意力缺陷多动症。注意力缺陷多动症发生在贫困人口和遭受社会剥夺人口中的比例更高,这意味着它经常伴随着儿童成长过程中的其他困难而产生。注意力缺陷多动症不仅仅影响儿童在学校的学习,还影响个人、社会和家庭生活的其他方面。患有注意力缺陷多动症的儿童比起其他儿童来说更容易陷入越轨、带有攻击性的和犯罪的行为。

面向患有注意力缺陷多动症的儿童社会工作,在某些程度上意味着良好抚养方式的延伸。社会工作者应该努力让父母理解并感受儿童的经历和感觉。患有注意力缺陷多动症的儿童及其家长均有服务需求,社会工作者要确保儿童在家、学校、社会和娱乐活动这些儿童生活的各个方面都能获得充足的支持和服务。当然,家长也需要这些方面的支持,老师也需要。这里存在一个争议,对于患有注意力缺陷多动症的儿童来说是否应该被接纳进主流教育当中,服从学校的时间表,参加社会和体育活动是否更加适合。老师、患有注意力缺陷多动症的学生个人、家长和其他儿童还有专业人员对这一问题的意见是不同的。

很明显,社会工作者为患有注意力缺陷多动症儿童开展的服务是多学科的,既需要结合儿童和父母之间的多维度方式,也需要根据儿童个人、内在精神世界和想法,同时考虑到家庭生活,以及儿童教育、活动、社会和其他娱乐活动问题的解决开展服务。

案例

吉尔和乔兄妹俩,分别是 12 岁和 14 岁,他俩都有自闭症并居住在院舍内。他们的社会工作者确保他们的治疗措施和照顾计划能够让他们见到父母并与之一起工作,从而使他们能够独立生活且生活中可以发挥他们的潜能,包括发展他们教育成就、职业技能、兴趣和休闲活动。

主要问题

社会工作者:持着怀疑态度的倡导者

我们必须谨记自己是持有专业怀疑和支持态度的职业人。这两者之间是存在矛盾的,就像是我们需要平衡对于儿童的支持和对于成人的质疑(潜在的儿童施虐者)之间的矛盾。

质疑:对小彼得死亡的随后调查不仅仅是坚持研究为本的实务的需要,也是莱姆爵士(Lord Laming)在广播访谈中提到在他的报告中对于专业人员的"明智的怀疑"。这对于专业人员来说是一个提醒,让他们对于被成年人告知的关于儿童的看法做持续的追踪与反思。

支持:社会工作者是儿童权利的倡导者。这就意味着需要对儿童保持敏感和友好,尊重他们的脆弱性并帮助他们维护自己的想法和权利。

儿童及儿童权利咨询

社会工作者扮演着加强儿童力量为自己发声并表达自身需求的角色。社会中是否存在过度惩罚儿童这一问题仍存在着争议。然而一方面有些儿童和青少年在性或童工方面被剥削,另一方面儿童罪犯或需求避难者被置于原生家庭之外抚养，甚至被关在机构当中。

儿童仍旧没有在当面临父母体罚时受到保护，而在英国这个依旧是合法的。

不管我们对于儿童的个人观点如何，我们无法否认的是一些脆弱的儿童需要支持来维护他们自己的权利——满足居住、保暖、充足的食物、营养和爱的照顾等基本权利，以及更高的需求，比如教育、游戏、拥有成年后有光明的个人前景和社会价值实现的幸福家庭生活。社会工作者在这个方面扮演着重要的角色，以确保这些不是不切实际的希望，而是成为困境儿童服务的现实和服务供给。

小结

本章是对儿童、青少年及家庭社会工作的概括与总结。由于它涉及多样的人类问题，因此在社会工作领域中占据主导地位。社会工作者往往在其中不同的方面提供专业服务，范围从包括保护儿童、青少年远离虐待风险和伤害的预防性工作，到以促进儿童、青少年福利为目标的干预性工作。

推荐阅读

实务工作标准的一个重要来源：DfES（Department for Education and Skills）and DH（Department of Health）（2004）*National Service Framework for children, young people and maternity services*, London: The Stationery Office。

关于儿童和青年实务工作中的一个有用的章节：Pike, S. and Forster, D. (1997) *Health promotion for all*, Edinburgh：Churchill Livingstone, pp. 125-140。

网络资源

戒瘾行动：www.actiononaddiction.org.uk。

成瘾依赖解决方案（ADS）：www.adolution.org.uk/。

巴纳德，一家出色的儿童照顾慈善机构，其网站有一个有用的图书列表，提供儿童照顾各个关键方面的做法：www.barnardos.org.uk。

儿童、学校和家庭部（DCSF）：www.dcsf.gov.uk。

早期教育基础阶段框架，这是一个综合性的框架，包含了0—3岁儿童事务、基础阶段的课程指导，并为0—5岁儿童提供早教发展、学习和福利的标准：www.birthtofive.org.uk/earlyyearsfoundationstage/eyfs-framework.aspx。

家庭行动，以前的家庭福利协会，为家庭提供实务的、资金的、情感方面的支持：www.familyaction.org.uk。

家庭治疗方法的相关信息：www.instituteoffamilytherapy.org.uk。

由英国育儿机构提供给地方长官的指导工具：www.toolkit.parentinguk.org。

第六章　成年社会工作及与健康相关的服务

简　介

　　成年社会工作的顺利开展需要和健康部门、社会照顾部门、其他从事社会工作的部门以及需要帮助的成年人合作,以此来研究和应对他们的脆弱性、劣势以及其他相关问题。这些问题可能因为个人原因造成,比如,老年痴呆症等疾病以及其他因身体或是心理上的损害而造成的疾病,也可能是社会原因造成的,如受到歧视和社会排斥等。所以说,社会工作者的很大一部分工作是需要在与健康服务部门的专业人士的密切合作下完成的。这一章提供了成年社会工作的总体视角,尤其是对更具有健康需求和社会需求的残障者、存在精神健康问题的人们以及老年人进行分析。健康和社会照顾领域也常被称之为健康和社会服务领域(本书更倾向于称呼后者)涵盖了一个大跨度的服务范围,而且正在迅速改变。可以十分确定的是政府个别化政策实施的早期阶段,会对社会工作者的工作开展具有重大影响,不管是对服务使用者还是照顾者都是如此。

实务背景

目前大概有 8 万注册社工和接近 1.6 万名学生在英格兰的社会照顾委员会（GSCC）及英国其他类似机构工作。在英国有大约 200 万健康和社会服务人员，虽然比例较少，但是对于英国来说至关重要。同时有超过 100 万的人在英国的社会照顾领域任职，其中三分之二的人在私人领域、志愿者领域和独立的领域工作。随着新部门形式的逐渐出现，这些部门之间的界限正逐渐模糊，例如面向精神疾患病人与残障者群体的多元化部门的建立。

成年社会工作开始于 21 世纪早期的英国，作为社会服务的不同分支，它是从儿童服务中分离出来的。许多不断发展的政策和实务发展逐渐涌出：

（1）自从 1990 年来，健康部和其他地方政府部门，如住房部，在成年人社会照顾领域的合作更加密切、更加正式。从 1970 年之后的几十年里，在继承原有努力的基础上，英国政府又不断鼓励更多的部门间合作，从而实现提供给人们"无缝"服务的目标。1990 年引进的单项评估系统旨在消除不同专家之间的重复性评估。它的创举之一就是把融合的健康和社会照顾服务交付给服务使用者和非正式的照顾者。

（2）使用服务者和照顾者的原则已经建立。在很多西方国家，通过消费者运动、游行和质疑专业机构的方式来完善公众服务的趋势不断增加。在 21 世纪，英国的健康和社会福利政策强调提高群众对于提供和给予服务的参与度。作为一个独立的公众体，患者及公众参与委员会（the Commission for Patient and Public Involvement in Health，CPPIH)于 2003 年成立,目的是提高公众在地方健康服务部门的声音,这促成了超过 400 个患者和公众参与论坛的建立。该组织在 2007 年被本地参与网络(local involvement networks，LINks)组织所替代,本地参与网络把 2007 年的《地方政府和公众参与健康法案》(*Local Government and Public Involvement in Health Act*)的范围扩展至包括社会照顾方面的更广泛内容。本地参与网络组织中的公众成员有合法的权利去要求查询雇佣他们的部门的有关信息,并且可以当面拜访具体部门,审阅相关资料。

(3)自从 20 世纪 90 年代中期以后,照顾者有权利去反映他们的需求,并且要求将其需求在立法中得以显现,比如 1995 年的《照顾者(认证与服务)法案》(*the 1995 Carers Recognition and Services Act*),2000 年的《照顾者和残障儿童法案》(*2000 Carers and Disable Children Act*)和 2004 年的《照顾者(平等机会)法案》(*2004 Cares (Equal Opportunities) Act*)。

(4)服务更加个别化。自从 1990 年,得到社会照顾服务的成人可以选择直接得到补贴,由其自己去安排资源从而满足他们的个人需求。在 21 世纪早期(DH，2005a),私人订制得到进一步发展,随着个人预算的引进,服务用户可以自己掌控预算。

(5)2000 年出台的《照顾标准法案》建立了新机制,这一机制也促成了国家照顾标准委员会(National Care Standards Commission)的成立,因此在英格兰享誉一时。此后,苏格兰(比如苏格兰照顾管理委员会,Scottish Commission for the Regulation of Care，SCRC)、威尔士、北爱尔兰也创建了类似的机制,用于管理英格兰的私人和志愿领域的健康服务以及管理监督威尔士的社会照顾和健康服务部门。英国和威尔士建立了一个新的独立委员会,负责登记社会照顾领域的专业社工,制定新的教育标准、社工训练标准及社工实务的内容。各地区最低国家标准,比如家庭照顾标准(domiciliary care, care at home),对18到65岁的成人和对65岁以上老年人的家庭照顾服务标准,以及成年人安置计划和照顾中心已经建成。在参考2008年《健康和社会照顾法案》(the 2008 Health and Social Care Act)下建立的照顾质量委员会(CQC),负责监督服务的管理和检查。

(6) 在21世纪的早期,民众对各部门服务拥有的投诉权和"告密"的权利(也就是把部门服务的缺点与不足报告给第三方或是独立于部门之外的机构)得到进一步加强。

(7) 从20世纪90年代以来争论的一个主要焦点就是谁应该为成年人照顾服务买单。在苏格兰,社会照顾服务是免费的,然而在英国和威尔士需要通过收入调查结果来确定。在2009年,政府发表了一份《咨询绿皮书》(Consultation Green Paper, HM Government, 2009),以此征询普通民众和专业人士对于不同拨款方案的回应。在这些方案组合中,包括提供免费的社会照顾给最有需要的人,对于其他层次人群的社会照顾则需要根据收入水平或保险政策判定,并由人们负责提供社会照顾的资金支持。

在健康、疾病和死亡方面的不平等

健康的范围不断扩大,社会服务的内容也日益广泛。自20世纪80年代早期,布莱克(Black,1980)和艾奇逊(Acheson,1998)的一些研究中得出了可靠的结论,这些结论都有在重要的报道中提到过,他们认为社会不平等现象(比如儿童和家庭贫困、糟糕的住房条件、落后的教育和低工资就业甚至失业的现象)至少会持续到20世纪最后25年。持续的健康条款和服务产生出的不平等进一步导致了人们的贫困和无助,而这些贫困的人群与生活条件好的人群相比更容易生病或是死亡。但英国的全民健康服务(NHS)的许多改组机构已经开始着手解决这些相关问题。

政府分配了大量资源用来解决成人的健康问题。政府政策逐渐强调预防疾病和健康教育、发展与推进,但是对于很多成人和年龄稍大的人来说为时已晚。影响他们健康的不利因素在这几十年不断发展,也许年龄稍大的人没有办法或是没有意愿马上改变他们的生活方式以便从根本上改善他们的健康状况。

慢性疾病和逐渐削减身体机能的疾病在整个社会中并不是均等出现的。随着人口年龄的增长,越来越多的人需要社工照顾。在英国,每年有接近50万人口死亡,而其中大多数死亡人数——接近三分之二——超过75岁。大多数人都死于慢性疾病,比如中风、心脏病、痴呆症、神经系统疾病或是癌症。

现代化:从一个国家的疾患服务到促进健康发展

给人们提供健康与社会照顾服务的策略(详见报告 *Putting people first*: *A shared vision and commitment to the transformation of adult social care*, HM Government, 2007)的形成与政府在健康服务领域的改变密不可分(详见 *Our health*, *our care*, *our say*: *A new direction for community services*, DH, 2006)。

在21世纪最后10年,健康部门的财政紧缩促使了健康预算更多地投入到健康促进和疾病预防上面。一些激进的想法出现,例如:钱应该从医疗卫生预算转移到提高住房和社会环境方面,减少人们发生意外的可能性,由此减少对于医院急救服务资源的需求。

预防性的健康服务和健康促进

一方面,由于越来越多的人认识到医疗保健成本的增加,并且越来越多的证据表明不良的习惯和不健康的生活方式对于身体的危害巨大,而另一方面社会要应对逐渐加剧的人口老龄化,在20世纪90年代,全民健康服务在健康教育和推广等方面提出了"预防哲学",并且这一趋势在21世纪早期开始日益上升。

全民健康服务(参见1977年的《全民健康服务法案》)和社会福利事业(参见1990年的《全民健康服务和社区照顾法案》)都有责任支持和照顾那些有健康和照顾需求的人们。这一责任实际上由健康和社会服务机构承担,由社工执行,而具体方式在英国的每个地方都有不同,所以在每个地方,责任的实现都略有差异。最主要的不同是在于谁为特定的健康服务和成人社会服务买单。在整个英国,大多数的医疗保健作为传递服务的一个方面,都是免费的。在苏格兰,成人也依旧需要申请服务,特别是年龄稍大的人。在英格兰和威尔士,有时地方政府对于接受特殊照顾服务的人会收取一定费用,但总的原则是,只要服务中包含了照顾服务的任何一方面,社会服务机构就不应该介入,健康部门有责任为其提供免费服务。

现代化服务

由于公民对于服务的选择掌握超出了预算,新上台的工党政府从长远考虑,提出了促进公共服务现代化的策略,这对当时的健康和社会服务产生了深刻影响(DH,1998,2006;HM Government,2007)。在21世纪早期,人们渴望得到服务的呼声越来越高涨,要求对自身生活有更多的控制权。尽管残障人士在这些权利运动中处于前沿,年龄较长者也贡献了自己的力量,他们共同代表了一个比例越来越大的活跃选民群体,政治家和政策制定者如果忽视他们的意愿会对自己的仕途带来危险。政府政策的重心从专业者,包括社工(因为他们主要决定如何分配资源问题)的传统视角,转移到了为那些自身需要服务的人们身上,因为他们经常与他们的照顾者往来。

成年照顾和相关健康服务的主要改革始于20世纪90年代。90年代中,1990年颁布《全民健康服务和社区照顾法案》逐步被保守政府出台的市场经济的运营代替,这催生了承包制提供支持的市场经济的形成,大约80%的社区照顾服务从政府部门中剥离,被承包给私人部门和志愿部门作为替代。从1997年起,新上台的工党政府强制将这一趋势变得合法化且保证在市场中提供的服务的增值,所以健康部门和地方政府的重心转移到购买或委托服务而不只是简单提供服务。这就造成了为与其他潜在的同行竞争,社会工作者需要按照目标人群的需求来学习相应的知识,提供相应的服务(见表6.1)。公共服务方面的持续改革(DH,1998),包括建立标准,引进更紧密的机制去管理和监督从而提供更优质的服务。

社工服务包括依据系统评估人们对于接受健康和社会照顾部门的服务的需要程度来提供服务。这个框架能够判断个人是否达到提供服务的标准,而社工以此为依据作出初步决定。总的来说,全民健康服务机构用这种方式提供的服务是免费的,而由社会服务机构或成人社会照顾服务机构提供的服务则有待验证,尽管这不是一个通用的规定。

从20世纪90年代中期以来,那些被判定资格接受服务的人们可以选择以直接支付的形式接受服务。根据1996年《社区照顾法(直接支付)》,直接支付方式(direct payment)通常体现为收入测评基础上的现金支付,从而可以让人们能够评估自己所需要的服务,他们可以把这些钱来支付给照顾者(经常被认为是私人护理)或用于支付其他形式的照顾开支。

表6.1 服务合同签订过程中的常见概念及其构成

采购	从最初的明确服务到招标、递交合同、签订合同的整个合同形成过程
采购策略	合同的工作计划,包括界定服务、提升品质的评估和恰当的服务开支
委托	订立合同之后的一系列活动
招标	在采购环节,邀请潜在承包商上台投标并提供特定服务
签订合同	商讨一份服务协议或者书面合同,合同(协议)中规定可测量的目标,并详细说明如何支付管理,确保在统一的标准下提供专门服务
服务具体事项	合同明确服务所需的最低要求
服务合约	合同明确说明服务的内容和方式
其他条件	合同通常明确在何种条件下进行合理操作

个别化工作的核心是,在评估需求、制定服务方案时,要首先考虑到服务接受者的看法、愿景或选择。这个目标在于(Carr, 2008, p.4):

- 与需要帮助的人们合作;

- 根据人们的个别化需求做调整；
- 预见并预防人们的困难和不足，且进行有效识别与干预；
- 找出人们生活中现存的优势，比如他们的照顾者；
- 辨认出他们的照顾者并给予支持；
- 发展一个可以对资源和服务作出回应的系统。

在个别化服务实施的过程中，有一个最重要的改变，即社工从资源守门人的角色，到更多地参与到服务使用者当中，通过恰当且有建设性的自我评估过程帮他们完善个人预算计划。个人预算（an individual budget）是地方政府给出的一个总预算，包括住房部门、独立生活部门、成年社会照顾部门或是（在未来）健康服务部门，这些部门通过合作或独立行使其职能。通过个人预算，个人、作为照顾管理者的社工、委托人或是服务的直接提供者（包括在提供服务过程中为与个人预算部门交涉相关事宜而成立的组织）可以选择获得最多的服务和/或现金，从公众、志愿者、社区团体或各类组织那里购买服务来满足个人需要。

我们可以看到在接下来的案例中，英国当地的一个政府是怎么管理、组织和发展成年照顾服务的。

案例

黑弗灵（Haverton）地方政府想在满足市场准则的情况下使成年照顾的服务需要者和他们的照顾者受益。而支持性团队（Supporting People teams）——由医生、社工和社会照顾者组成的跨专业团队——会将相关信息考虑在内,从而站在服务使用者的角度决定风险程度和对人们潜在的危险。社会工作者在辨别需求本质、个人服务程度,以及家庭支持是否得当等方面提供专业服务。在服务开展过程中,社会工作者提供专业的指导建议,并协助处理个别的复杂情况。塞莱娜是一个社工,负责协助当地的服务提供商们定期开展论坛。论坛每两个月召开一次,服务供应商们通过独立的领域(私人的和志愿者)代表地方政府和机构提供黑弗灵当地80%的成年人照顾服务。塞莱娜与黑弗灵的健康和社会服务委托机构(Commissioning Unit)雇佣的当地委托团队密切合作,签订服务协议,委托服务,他们还与由成人保护调解员协调的保护和住宿审核团队中的社工密切合作。服务使用者组成小组需要定期碰面并在委托结果决定之前整个过程中都要接受指导。独立经纪人受雇于委托单位的团队去帮助找到合适的服务提供者,然而一旦他们确定支持性团队,确定照顾管理者与服务使用者、照顾者有密切关系之后,他们就会实施这份内容详尽的计划(见表6.1)。在服务已经被运行几次之后,黑弗灵地方政府通过询问服务使用者得到的服务质量状况(参照 Evans and Carmichael, 2002 的案例)完成充分的服务价值反思。在这个案例中,地方政府的工作人员与服务使用者一起,听取大多数人的意见,采用一种创新的方法去设计最终得出了关于服务评价和过程回顾的结论。

个别化的服务:与人们合作的阶段

政府关于服务个别化的策略的实施对人们生活有着重要意义。它影响了健康和社会照顾服务的每一个阶段。(见表6.2)

个别化议程的实施

如果个别化议程开始实施,那么实施的每一个阶段都应该经过规划改进,因此评估阶段可以分为初步评估(决定资格的评估)和全面评估(全面评估应该基于服务使用者的自身评估)。

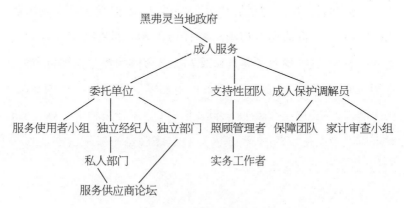

图6.1 成人社会照顾服务的委托和协调

表6.2 健康及社会照顾服务的个别化及其传递

阶段	每个阶段意味的内容
需求评估	社会工作者和其他从业人员与服务使用者一同制订统一的、全面的计划
	在适当情况下,也需要对照顾者的需求进行评估
计划	社会工作者和其他从业人员给服务使用者或照顾者制订一份详细的计划,细化时间表,说明需要如何逐步得到满足
	计划中也包括个人预算如何被使用的相关细节
实施	实施计划,社会工作者和其他从业人员要进行监督以确保计划实施过程中没有偏差
检查/评估	在特定时间或关键环节,实施的计划会被评估

接下来的步骤是计划照顾阶段和服务安排阶段,其中服务安排阶段将会把服务落实到个人。随后,服务安排将会得到检查和评价。

成年健康和社会照顾的政策优势也反映了理想与现实之间的矛盾。虽然联合起来提供服务是很好的想法,但现实是在英国的四个区域,全民健康服务(NHS)和社会照顾人员有着很大的文化差异和分歧,这就导致了健康和成人社会照顾服务是需要付费的。举例来说,在苏格兰,健康和成人社会照顾服务的提供是免费的。相比而言,在英格兰和威尔士,健康服务(除了牙医和可选择服务)对于成人来说是免费的,而成人社会照顾服务一般来说都是收费的,并需要接受收入水平审查。

评估过程

在这里做一简要注解:评估过程会在下一章节做进一步探索。曾有人不断尝试通过对健康、社会照顾等方面的专家观点中重复的部分进行删除,以简化评估过程。尽管当时有许多人提议开发一套在整个领域内的通用的评估体系框架,然而一个单独的针对有精神健康需求的成年人社会照顾评估体系最终被确立。

实务的法律基础

在这里只解说部分关于社会工作实务的相关的立法基础。适用于所有案主群体总体的权利可参阅三到七章节(见表6.3),以及法律在服务权限的权利(见表6.4),社工实务者有必要熟悉这些立法。

表 6.3　与成年人权利相关的法规列表

《1975 年性别歧视法案》	当权者有责任消除非法的性别歧视
《1998 年人权法案》[a]	坚持一系列基本人权
《2006 年平等法案》	（更新了《1975 年性别歧视法案》）当权者有责任促进人们受到平等对待

注释：[a] 这项法案要与《联合国儿童权利公约》和《欧洲人权宣言》结合。

表 6.4　服务权相关法规列表

《1970 年地方政府社会服务法案》
《1983 年精神健康法案》
《1989 年儿童法案》
《1990 年全民健康服务和社区照顾法》
《1995 年照顾者（认证与服务）法案》
《2000 年照顾标准法案》
《2000 年照顾者和残障儿童法案》
《2003 年精神健康（照顾与治疗）苏格兰法案》
《2004 年照顾者（平等机会）法案》
《2004 年儿童法案》
《2005 年精神能力法》
《2007 年弱势成年保护法案（苏格兰）》
《2007 年精神健康法案》

与照顾者合作

在英国超过 500 万的人会免费给亲朋好友提供非正式（免费）的服务，预计相当于为经济发展做出了 870 亿英镑的贡献，这超过了英国在 2006 年至 2007 年间在健康服务的 820 亿英镑总支出，而这个数字也是地方政府投资在成人和儿童的社会照顾领域的 193 亿英镑的四倍之多(Buckner and Yeandle, 2007)。

这些非正式照顾者可能对多名亲朋好友进行过免费照顾工作,而且需要努力去平衡家庭、工作及正在从事的照顾工作之间的需求。当一个人经评估后确定给予其社区照顾,专业人员会询问他们需要一个还是多个照顾者,希望被照顾的地点在哪里,并适时联系照顾者。尤其是 20 世纪 90 年代早期以来,非正式照顾者有许多权利,照顾者政策与实务得到进一步发展,在以下方面政策的发展更是达到了顶峰(DH, 2008b):

- 识别照顾者先前未被满足的情况和需要;
- 采取短期措施缓解照顾者一些最主要的关注点;
- 建立一个长期策略去支持照顾者。

依据 1995 年《照顾者(认证与服务)法案》,2000 年《照顾者和残障儿童法案》和 2004 年《照顾者(平等机会)法案》,照顾者已经有资格去评估他们的需求,要求教育和休闲方面的需求得到满足。比如,他们可以与社工和社会照顾工作人员商议,对他们的照顾对象使用暂托服务(respite service),以便他们除了照顾他人外,也可以拥有自己的生活。

给照顾者(主要包括儿童与成人)给予的支持通常是无形的,照顾者经常因得不到足够的支持而独自忍受。这场由照顾者所在的组织发起的运动对相关政策的出台做出了重要贡献,使他们更好地享受应有的权利(DH, 2008b)。

年轻照顾者

很大比例的照顾者为青少年。尽管估值在变化,但据英国

2001年的人口普查(UK Census)数据显示,约有17.5万儿童和青少年对他人(儿童或成人)提供过照顾,而官方预测在两年之后这一数字会是15万(DfES, 2003, p.43)。鉴于多种原因,想要得到一个准确的年轻照顾者的数量是不太可能的,其中一点是他们不愿意跟陌生人表明他们在家里的角色,可能因为觉得丢人,或者他们担心如果被地方政府知道照顾者需要被别人照顾,自己的家庭会遭到破坏。

一些国际组织和很多当地群体比如英国照顾者(Cares UK, www.carersuk.org)和皇家公主照顾者信托机构(the Princess Royal Trust Carers, www.carers.org)都愿意给予照顾者支持。很多人没有意识到他们自己有权利去评估自己的计划与资源。这一意识的缺乏使得他们对于自身权利、照顾者的补贴和利益缺乏认识。

国民临终关怀政策(National end-of-life strategy)

政府的临终关怀政策(DH, 2008a)包括了由基本照顾信托(PCT)和地方政府在人们临终前提供的委托和发展照顾的一套整合性的方法。超过半数(58%)的死亡发生在英国全民健康服务(NHS)下的健康保险制度下的医院(NHS hospitals),约18%发生在家里,17%发生在照顾者家庭,4%发生在养老院和3%在其他地方。临终关怀政策的中心是想让即将离世的人受到应有的尊重,在熟悉的或是充满同情的环境中,家人或朋友在场,减少没有必要的疼痛,有尊严地、舒适地离开人世。

社工在以下几种不同的环境中提供临终照顾:

- 人们自己的家;
- 医院;

- 疗养院;

- 临终关怀医院,自从1967年女爵士西塞莉·松德耳(Dame Cicely Saunders)在圣克里斯多夫收容所(St Christopher's Hospice)首次建立临终关怀中心以来,一直受到志愿团体的支持。

社区照顾

1990年全民健康服务和1990年《社区照顾法案》(Community Care Act),标志着政策和实务方面的三大转变,即使合法性并没有标志着以下领域中的进步:

- 它促进了对在社区的人们的照顾服务,在可能的情况下,他们可以在家中享受服务,而不是通过居住条款。

- 它促进了私人机构和志愿者机构的服务条款。

- 它推进了健康照顾机构、专业人士以及社工部门的关系,在健康和社会照顾服务等方面的条款更加紧密。

社会服务(包括成人社会照顾)部门在《1990年全民健康服务和社区照顾法》下,负责评估人们对于社区照顾的需求。他们与健康部门合作,因为人们也有医疗需求。人们的需求评估等级分为四等:严重、高级、中级、低级(见表6.5)。这个评估涵盖了一个人的愿望和独立性、健康与安全、家庭生活(包括可以从照顾者那里得到的潜在的或已有的支持)、处理日常问题的能力和参与社区事务的能力。地方政府用一种公平的方法对框架里的照顾服务设置了资格标准(DH, 2003),并决定了在何种等级上必须提供服务,通常这种等级既不是危机层面也不是高级层面。获得继续服务的资格——总体来说,是全民健康服务的责任——建立在人们医疗需求的评估之上,而不是在特定的诊断或是情况下,评估他们的经济状况或是可以获得的资源。英格兰和威尔士在通过了一个国际性的获得服务和资金资格的框架,政府要确保问题在不同地区和地点被顺利地解决,因此,要避免那些把可以获得的健康服务当成"邮政彩票(postcode lottery)"的行为(即居住地不同,服务内容也不同)。

表 6.5　需要的四个等级

低级	无法进行一到两种日常行为、照顾自己或管理家庭
	缺乏一到两种教育、学习或工作的能力
	缺乏一到两个支持系统或人际关系
	没有承担一到两种家庭或其他社会角色
中级	无法进行几种日常行为、照顾自己或管理家庭
	缺乏几种参与教育、学习或工作的能力
	缺乏几种支持系统或人际关系
	没有承担几种家庭或其他社会角色
高级	只有部分选择或控制当前环境
	曾遭遇虐待或被忽视
	无法进行主要的日常行为、照顾自己或管理家庭
	缺乏多方面参与教育、学习或工作的能力
	缺乏大部分支持系统或人际关系
	没有承担主要的家庭或其他社会角色
严重	当前有生命危险
	很少或没有选择、控制当前环境

	续表
	现在或未来有严重的健康问题
	无法进行主要的日常行为、照顾自己或管理家庭
	缺乏一到两方面参与教育、学习或工作的能力
	缺乏一到两种支持系统或者人际关系
	没有承担主要的家庭或其他社会角色

141 实务场所

成人社会工作的场景范围十分广阔,主要包括以下几个方面:

- 以医院为主的社会工作;
- 与专业社会工作团队一起服务儿童、家庭和成人;
- 与老年精神健康专业联络团队工作;
- 为那些处于家庭照顾的人们服务;
- 日间照料;
- 为那些入住院舍机构的人们服务;
- 为养老院中的人们服务;
- 关于晚年生活问题和事件的特殊社会工作;
- 过渡性照顾(intermediate care);
- 考虑人们对居家养老及相关的服务的需求,包括远程监护(tele-care)。

这些仅仅是说明性的,它所包含的种类更加多样。

医务社会工作

医务社会工作依据人们个人和社会状况帮助他们解决问题。

在很多人看来入院和出院是创伤性的,同时对于他们的照顾者来说,人们在医院的时候,问题和事件随时会出现。当其他的个人、家庭和社会不利因素影响到人们从疾病、意外、手术或是其他治疗中康复过来,这时社工与健康照顾专家合作为案主服务。

临终关怀(end-of-life care)是一个用于帮助快要离世的人满足需要的术语,然而**姑息治疗**(palliative care)则用来指代给那些接近生命终点的人们提供专业医疗和社会服务。尽管假设我们认为政府政策的制定直接决定了对于老年的临终服务的应用的策略(DH,2008a),但是一些更高需求的社工实务在其他老龄组展开。让临终的老人在回顾人生时领会到人生的真谛是很重要的。库布勒·罗斯(Kubler-Ross,1982)给出了针对临终人群的个案工作(case studies)的细节,她向我们展示了与治疗师合作可以帮助其他专家理解案主经历了什么,帮助他们去更好地满足人们的需求。比如,解释一个儿童的伤痛可以帮助评估儿童精神与他们的身体状况是否一致还是在恶化(Kubler-Ross,1982,pp.65-69)

有些人是不需要进入临终安养院,而是自然死亡的。而另一些人则需要借助临终安养院的帮助以选择自己希望的死亡方式,他们也许会在临终安养院度过一些时间,然后最终选择在自己家中死去。社工在临终安养院与医疗专家一起工作,可以帮助人们有尊严地死去,并且帮助他们的家人面对丧亲之痛。

实务方法

成年人社会工作的开展包含许多社工方法和技巧。安全保护工作越来越重要,但这一关注并没有将专业人员的注意力从获取和维护其他专业领域经验的需要中抽离出去,如治疗工作。随后的章节中会介绍使用不同方法的案例。

精神能力(mental capacity)和精神失常(mental disorder)

人们的利益应该被保护,除非因为不健康和恶化的精神状况导致他们没有办法做出决定。2005年颁布《精神能力法》(the 2005 Mental Capacity Act)保障了他们的权利。社会工作者与其他的专业人员如律师一起,在这种情况下应该采取专业的行动。律师帮助制定法律文件,包括遗嘱,以行使他们的持续性代理权,这实际上是在一个人无能为力时只能将这些事情委托给其他人代表自己行使这些权利。社工在评估个人是否处于这种无能为力的状态时起到了重要作用,还要确保随后的一些决定充分保障其利益。社工经常对存在精神健康问题、精神不稳定和精神紊乱的患者开展服务。总的来说,精神疾病和精神失调的相关问题参照1983年和2007年的《精神健康法案》解决,而对于没有办法去管理个人事务的人们应该参照2005年《精神能力法》。

实践

实践中的个别化

个别化是建立在服务使用者和他向委托人说明授权规则的个人预算基础之上。个别化服务增加了他们的参与度并在最大程度上保证选择自由从而满足他们需求。

优势视角(strength perspective),由丹尼斯·萨利比(Dennis Saleeby, 2002)提出,是指从人们的优势和潜能而不是简化他们的缺陷去评估他们的需求,用他们现有的知识、技能和资源去解决困难和挑战。个人为中心的评估是指在评估的整个过程中,把个人需求始终放在中心位置,以确保个人基本需要在每一个阶段中都被考虑到。在这些情况下,对个人基本需要的分析和评估要具有完整性:生命进程中所能达到的阶段,亲人、伙伴或照顾者在满足他们需求时的能力,从家庭、邻里或更广阔的环境中获取资源的多少。

接下来的案例向我们展示个别化准则在实践中如何提升个人的生活质量。

案例

10 年前,在堂娜 55 岁的时候被诊断出患有骨质疏松症(osteoporosis)。那个时候她有个人预算,但是在她改变了生活方式之后缩减了这个预算,因为她觉得她不需要使用全部的服务。假定她可以被提供额外的健康和社会照顾服务,那么轻微的症状也许会影响她身体的机能,但是这并不影响她的生活方式。她最近咨询自己的社工,这位社工是管理小组(control panel)中的一员,并在跨专业服务团队里工作,社工立即帮助了她,因为提高她的个人预算需要尽快得到解决。

堂娜用她的预算去请了三个照顾者并且轮流值班,以确保维持她周一到周五的志愿工作。她的女儿在周末和她待在一起并照顾她。堂娜用她的预算购买了一些装备从而确保自己维持忙碌的生活方式。

得益于个别化经费和个别化服务,堂娜目前可以维持她独立的生活方式。

药物滥用和酗酒问题

成人,特别是对于父母来说,都有一些精神健康问题,他们也会滥用药物和酒精,这给他们的人际关系造成了严重的影响。这些问题带来的副作用有:削弱为人父母的能力,使儿童容易遭受虐待和忽视,影响与亲人和所在社区的互动。根据克利弗等人(Cleaver et al, 2007)的研究,与普通的家庭暴力相比,儿童宁愿他们的父母是在酒精和药物滥用的情况下使用暴力。

个别化实务的含义

每个人的个人预算可以扩展到健康和社会照顾服务领域,所以个别化服务提供者的来源是非常广的,机构、专业社工、其他实务者和工作人员,还有服务使用者和他们的照顾者都可以提供服务。从消极的方面来说,健康和社会服务或社会照顾服务的资金来源单一,导致整合性服务的提供面临技术的、法律的、会计的瓶颈。从积极的方面来说,通过直接支付(见 DH, 2004b)给服务使用者的方式实施个别化服务,能够增加服务使用者的选择,确保专业人员自主管理,提供有效的服务。然而,它同时也代表了环境中风险的增加,因为服务使用者有权利去决定是否接受更自由的生活方式,这意味着提高了医疗安全方面的风险,对他们是不利的。对于社工和其他参与者来说,个别化结果就是他们必须要花费更多的时间去应对服务使用者和接受个别化预算的照顾者,接受服务使用者的评估,并对服务使用者的需要进行评估,规划他们如何使用个人预算,帮助他们去掌握可能需要的策划预算的必要知识和技能。

案例

海尔格(Helga),72岁。她要求提供个别化服务,使得她可以得到直接的补贴。尽管她身体患有几处损伤,但她依然追求积极的生活方式。地方政府的管理小组已经要求她的社工在她获得直接补贴前,对她进行综合风险评估。

海尔格的社工决定对于她来说最好的方式就是听从"直接帮助你(Helping You Directly)"组织的建议。这是一个当地的志愿者组织,为帮助人们得到直接补贴而提供法律和管理方面的支持,以确保他们可以自我独立管理。社工也需要为海尔格规划她的直接报酬,定期探访确保她合理利用它们,并得到了高质量的支持性服务。

海尔格的社工认为她个别化服务的成功在于在咨询了海尔格的意见之后,灵活且自主的做出专业性的决定。他们在这个个别化方法中被赋予了更多的权利和独立性。

这个案例的成功之处在于,海尔格的社工在辩护过程中起到了积极作用,作为她个别化服务的一个部分,社工帮助她通过财务规划的方式来支持她实现独立。

小结

本章展示了政府个别化策略的应用对于当地医疗和社会照顾服务起到了重要作用,同时它也在改变这些服务上担任了重要的角色。社工的责任就在于影响这些决定并对正在运行的实务提供新的机会,而在这个过程中,社工经常与其他组织和专业人员合作。

推荐阅读

一本优秀的、最新的、探讨社会照顾理念和实务的书籍:Payne, M. (2008) *Social care practice in context*, Basingstoke: Palgrave。

一本不错的介绍健康与社会照顾领域的书籍:Glasby, J. (2007) *Understanding health and social care*, Bristol: The Policy Press。

一本有用的,讨论健康与社会照顾相关工作中的问题和实务的书籍:Glasby, J. and Dickinson, H. (2008) *Partnership working in health and social care*, Bristol: The Policy Press。

网络资源

成年保护的基本框架:www. adss. org. uk/publications/guidance/safeguarding. pdf。

成年社会照顾最新政策变化资讯:www. dh. gov. uk/en/SocialCare/Socialcarereform/index/htm。

合作关系改善带来的社会服务个别化最新资讯:www. networks. csip. org. uk/personalisation/index. cfm? pid=782。

第七章 老年社会工作

 简 介

  社会工作者服务于不断增长的老年人口。随着寿命的延长，许多老年人晚年生活中也会遭受着诸多不便，精神和身体能力日渐虚弱，导致他们行动不便而渐渐被孤立，由此产生了日益复杂的个人和社会问题。然而，我们应该明确的是年龄的老去并不总跟身体和精神的退化联系在一起。2001年家庭综合调查（General Household Survey）数据（Walker等，2002）显示低于3%的老年人曾接受过社会服务。大多数人会独自安享晚年，即使在去世时也没有长期处于虚弱状态或者依赖他人。

  社会工作者在推进老年社会工作实务中发挥着重要的作用，尤其是那些遭受更多忽视和伤害风险的老年人。即使成人社会照顾服务能够满足老年人的基本需求，老年社会工作依然日趋专业化发展。老年人的个人和社会需求日益复杂，需要社会工作者具备更高的专业技能。例如，人们需要专业的社会工作者对他们开展个别化服务，同时，由于人们遭受问题的复杂性和范围不断增加,因此也需要更高水平的专家来提供服务,如临终的人(我们称之为"临终关怀")。给临终的人提供的专业服务称为"姑息治疗"(palliative care)。当然了,我们所说的临终关怀或姑息治疗针对的人群为老年人,但儿童和成人的生命总会有走到尽头的一天,也会需要这种服务。问题的出现是不可预期的,个人和家庭很可能会措手不及,因此需要具备良好素质和技能的社会工作者为他们提供服务便显得尤为重要。一些从业者会长期做全职社工,而其他人会在特定的时间内做社工。

实务背景

随着人们寿命的延长,我们生活的社会进入了老龄化社会。人们对老年人的界定是随着预期寿命的延长而改变的。19世纪,英国平均寿命不到40岁,是21世纪初期平均预期寿命的一半。英国与许多西方国家一样,老年人口的比例失调,换言之,占人口很大一部分的人越来越老,相对而言,年轻人的数目却在下降。在2007年16岁以下的人口在总人口中的比例(低于20%)低于领退休金人口的比例。80岁以上的老年人(4.5%,超过270万)所占总人口比例则快速增长(详见 www.statistics.gov.uk/focuson/older-people/)。

发生这些变化的部分原因是在过去的一个半世纪里,人们生活方式不断改善,饮食质量不断提高,健康和社会服务方面不断完善。人们的寿命的延长、医学研究的进步、对疾病的理解以及越来越多的有效治疗方法都意味着人们比以往任何时候保持积极和健康的状态步入晚年。随着年龄的增长,人们的疾病会增多,身体状况会恶化。对于一些人来说，年龄的增长是一个自理能力下降的过程，这会导致晚年生活主要依靠他人照顾，给健康和社会服务造成越来越重的负担。

特权一直延续到人的老年阶段。收入、财富、住房和教育的社会不平等性影响着人们的健康状况，无力抵抗疾病最终导致过早死亡。换句话说，老年人的健康和福利在晚年也反映出类似的不平等性。处在欠发达社会和职业团体中的群体比富裕群体更倾向于多病以及过早死去。当不同种族的社区在当地不占主导地位时，生活在这里的人们很有可能被排除在社会服务之外。地域的不平等性持续存在，并在一些公交和火车处于瘫痪状态、没有公共交通、不能驾驶的地方表现得更为明显。由于这样或那样的原因，居住在农村比居住在城市的老年人往往更难获取服务。

在老年人口群体中，女性越来越占据主导地位，这种现象被称为老龄女性化。这一趋势意味着年纪更大的、无依无靠的、脆弱的老年女性需要其他女性的照顾，她们要么在家让自己的妹妹或者其他非正式的照顾者来照顾，要么在家雇用一位照顾者来照顾自己。然而，并不是只有这种情况，越来越多的老年男性活得时间更长了，他们要么独自一人生活，要么和一位老年女性建立照顾或被照顾的关系。

如上所述，我们可以看出西方国家的人口结构中，比例不断增长的部分就是我们所谓的"老年人"。在当今社会，"老"和"老年人"等字样都不被喜欢，因为前者被视为一种年龄歧视，带有歧视性质的标签，而后者完全是根据年龄指代或界定整个人。

随着人们健康状况和生活水平的提高，人们的寿命不断延长。

英国跟其他西方国家一样,老年人口占总人口的比例不断增长,预计接下来的30年里翻三倍。在英国超过2000万人(人口总量的三分之一)超过50岁,100多万人的年龄在85岁及以上。近20%的人口(超过1100万)已超过退休年龄。在英国维多利亚时代中期,人们的平均寿命是40岁出头,而现在的平均寿命是将近80岁,并且女性比男性的寿命稍长一些。出生时,女性和男性的平均预期寿命分别是81.1年和76.9年。活到65岁时,女性和男性能预计活到84.6岁和81.9岁。这种增长是因为那些不太健康且远远低于预期寿命的人已经死亡导致的。女性能活到90多岁的人口数量是男性的3倍。

这就产生了不可避免的后果,即人口结构中很大比例的老年人比以前更老。然而,对于专业人士和"老年"激进分子使用术语"老"是困难的,这是由于"老"被贴上了冷冰冰的、不可逆转的标签。这一观点引起广泛的争议。许多社会性的、政策性的及专业性的态度认为对老年人多多少少有些年龄歧视。

在现代社会,上述所有的老龄化特性都反映出家庭成员之间、配偶之间以及照顾者和被看护人之间的社会关系。调查表明,性别是一个非常重要的因素,65岁以下的女性要比65岁以下的男性承担更多照顾者的职责。其他家庭成员也在照顾方面承担了重要的职责。父母工作时往往采用隔代照顾,让爷爷奶奶来照顾他们的孙子,反过来,子女们也可能会让父母甚至祖父母住到家里,并对他们进行照顾。

对社会工作者的影响

当人们意志薄弱、残障或者认知功能出现障碍时就会产生身体和心灵上的脆弱感,此时就需要社会工作的帮助(Phillips et al.,2006,p. 36)。服务于老年人的社会工作者需要对老年人增长的脆弱性保持敏感,同时让他们意识到自己的愿望没有被遗忘,不会认为自己是无用的负担而被抛弃或者受到歧视。理想状态下,社会工作致力于提供一个积极的原则和实践框架,从而给予老年人所需的支持和服务以最大程度上保障他们的晚年生活质量。

实务的法律基础

年龄的增长会导致越来越多相关但又不同的身心障碍问题的产生,这里的年龄既包括人的生理年龄又包括心理年龄。法律旨在保护老年人的利益和权利而往往又打着许多不同立法的幌子。

不幸的是,处于两难困境老年人虽与其他人一样都享有被平等对待的权利,但是他们又不愿意把年龄作为得到同等服务的手段。从辩证的角度看,我们认为反年龄歧视的原则虽然并不期望人们对待老年人的态度是基于他们达到了特定年龄而获得的,但是完整的老年服务的立法缺失状态,使得老年人很难维护自己获取恰当服务的权利。对老年人的社会照顾和社会工作服务的根源可以追溯到 1948 年颁布的《国家救助法案》(*1948 National Assistance Act*)。1970 年颁布的《地方政府社会服务法案》(*1970 Local Authority Social Services Act*),建立了包罗万象的社会服务,随后对这一法案不断进行更新,以贯彻落实与之相关的法律条文,如2006 年颁布的《英国全民健康服务法案》(*the 2006 NHS Act*)(表7.1)。

表 7.1 相关法规条款一览

法案或报告	主要条款
1948 年《国家救助法》	为社区里的老年人和残障者提供服务
1986 年《健康服务和公共健康法案》	确保老年人的福利,明确为老年人提供服务的职责
2005 年《精神能力法》	为弱势群体(包括老年人)提供社会倡导,明确其代理律师的权力
1990 年《国民健康服务和社区照顾法案》	过去 20 年中最重要的法律,鼓励社区照顾,从而创造更多的经济效益
2006 年《全民健康服务法案》	出院后为老年人提供善后服务、家庭照顾

为老年人服务的国家标准

政府希望当地的服务供应商为老年人提供的服务能够达到标准(DH,2001b),其中较为重要的标准是:

(1) 消除年龄歧视;

(2) 促进以人为本的服务;

(3) 开发综合性服务,尤其是健康和社会照顾与社会工作等方面;

(4) 建立过渡性照顾模式(过渡性照顾是建立在医院和独自在家居住之间的照顾模式);

(5) 增强医疗服务;

(6) 发展预防中风的服务;

(7) 促进老年人以积极乐观、健康向上的态度生活;

(8) 减少老年人安全事故的发生,如坠楼。

这组标准补充了长期照顾的一般标准(DH and DETR, 1999)，这部分在第六章中有介绍。

精神能力

当一个人变得精神失常或者生活在医疗卫生不达标的环境中，他的需求往往容易被忽略。社会工作者和其他社会服务的专业人士把这个问题反映给地方法官，依据1948年《国家救助法》，地方法官应将他们安排到第三住宿部。2005年出台的《精神能力法》试图预测并预防这些问题的发生，所以允许具有正常性思维的人可以委托其他人办理他们的财务和其他相关事物，以使提供的服务能最大程度上保障他们的利益。因此，亲属、朋友和包括社会工作者在内的专业人员可以依据2005年出台的《精神能力法》去帮助那些没有能力管理自己事务的人。

实务场所

老年社会工作发生在不同场所：收容所、养老院、护理院、日间照顾中心和家庭照顾(domiciliary care)。家庭照顾也指居家照顾，即为人们在家生活提供支持性服务。虽然普遍看法是当人们年老后不可避免地进入院舍机构，但事实却是大多数人会在他们自己家里养老。《全国老年服务框架》(*National Service Framework for older people*)(DH, 2001 b)包含了鼓励提供过渡性照顾的原则，意图整合各种措施，避免人们直接入院治疗的状况。

大多数老人终生都未接受过日间或家庭照顾服务，也没有进过疗养院。但这些设施却形成了从低级到高级的一套支持体系，(见图7.1)用来照顾随着年龄的增长逐渐变得虚弱的老年人。

更为集中			更少集中
院舍……………过渡性照顾……………日间照料…………居家照顾			
养老院	日间服务中心	家庭照顾(住所)	
和医院(住院部)	和医院(门诊部)	送餐、清洁、照顾、个人助理	

图 7.1　老年服务的连续体

21 世纪初,政府政策的制定聚焦于坚持以人为本的原则给老年人提供个别化服务。这里有四个主要组成部分:

- 提供给人们需要的而不是便于获取的服务;
- 确保人们使用服务的选择权和控制权;
- 确保服务最大程度上保障人们的独立性;
- 利用社会的、社区的、休闲的和教育性的活动来

提供服务。

政府制定政策的目的是为人们提供服务,不仅给予"安慰和照顾"(这一说法通常被认为是对老年人的恩赐,能够反映出"年龄歧视"的假设),而且要最大限度地保障生活质量。老年社会工作者开展工作时越来越困难,他们往往会采取消除歧视、倡导公平的策略来应对强加给老年人的年龄歧视。《全国老年服务框架》(DH, 2001b)和《照顾服务平等机会》(DH, 2003)中的举措同样是为了反对歧视老年人的行为(Phillips et al, 2006, p.78)。反歧视方法(anti-discriminatory approaches)这一术语广泛用于政策与实践当中,旨在处理诸如种族歧视、年龄歧视、性别歧视和残障歧视等各种形式的歧视。年龄歧视(ageism)这一术语是指以年龄为基础而对人们采取不公平或歧视的态度和对待方法。

实务方法

在不同的场景中,对老年人开展服务采用的方法是不同的。在这些场合中,我们需要明确分社会工作、社会照顾和个人照顾的区别。

老年社会工作是普通社会照顾中一个专门的方面,但又同时包含"个体"(个人)的和"社会"的(个体与家庭、团体、家乡、社区、和社会环境的互动)层面。当老年人是脆弱的,或遭受虐待,或有复杂的家庭及心理健康问题,或需要在医院、家中享受临终关怀服务时,老年社会工作便以一种整体的观点关注老年人的生活质量、成就、健康和福利,以此满足他们日益复杂的需求。在一个更基本的层面上,社会照顾的内容侧重于给个人提供实践和情感支持,如,适当的住所、达到温饱水平。个人照顾(personal care)几乎和社会照顾的内容一样,但比个人卫生(personal hygiene)的范围更广。个人卫生,顾名思义,指的是关于身体机能卫生的管理,包括清洗和清洁。

照顾尊严(dignity in care)是提高服务质量的重要部分,谨记这一方面有利于专业人士(包括社会工作者)与老年人进行良好的互动和交流。研究制定了对老年人的照顾尊严的主要指标(Magee et al, 2008),包括四个交叉的主题,社会工作者和其他专业人士以此为出发点,生成详细清单,确保服务的顺利进行(见表7.2)。

表7.2　老年社会工作中尊重案主的注意事项

选择	提供给老年人必要的实务支持和充足的信息,确保他们能够做出满足自己需求的选择
控制	专业人员要考虑老人年的生活方式和愿望,确保他们对服务有绝对的选择权
工作人员态度	在为老年人提供服务的过程中,时刻尊重老年人,谦卑有礼
设施	这个是指专业人员为老年人提供的设备必须高质量地满足老年人的需求,例如,保洁和健身

这些原则一般应用于老年社会工作和临终关怀(见第四章)。居家生活计划(Home Life Project)发展出8项类似的实务工作注意事项(参见 www.myhomelife.org.uk/Project Themes.thm),并促成了养老院良好服务的基线。下面是良好服务标准略微改动过的版本:

(1) 介入病人搬入养老院的过程,包括带领参观并指定专人负责病人过渡期的生活。

(2) 确保病人的选择权和日常生活的控制权,例如自己的服装搭配。

(3) 确保居民社区事务的管理权。

(4) 确保居民有决策参与权,最大程度上保障他们权利,满足他们的福利需求。

(5) 促进居民营养和健康,确保轻松愉快的吃饭时间。

(6) 发展优质的临终关怀。

(7) 员工合格后任职并支持其专业发展。

(8) 形成良好的工作氛围,发扬团队协作精神。

实务

一些特定的条件和问题催生了老年社会工作。本节讨论了老年社会工作实务的主要特点,并针对特定人群开展的服务进行了说明。要记住非常重要的一点是老年社会工作采取多种照顾方式提供服务,以最大限度保障老年人生活的独立性。

综合性实务

老年人社会工作的一个重要组成部分是开展服务的多元化,这与其多元的合作伙伴关系是分不开的,工作伙伴关系既包括专业人士之间的关系,也包括服务使用者和照顾者之间的关系。政策的目标是提供完美的服务,事实上,这就意味着跨学科工作中需要克服多种不同的健康和社会服务领域专家共同参与满足个人需求而可能导致的服务供给碎片化。

单项评估和服务资格

综合性实务的政策目标之一就是单项评估模式的实施。英格兰、威尔士和北爱尔兰称之其为单项评估(DH,2001 c),而苏格兰称之为单项共享评估(苏格兰行政院,2002)。根据《全国老年服务框架》(DH,2001 b)的第 2 条规定,单项评估能够减少工作的重复性和服务使用者的焦虑。在 21 世纪初,政府提出了《照顾服务平等机会》这一措施,以确保服务的一致性(DH,2003),其中包括定义风险类别——包括低级、中级、高级和严重——确定哪些情况下有权接受服务。

1995 年颁布的《照顾者(认证与服务)法案》中规定,评估也包括对照顾者的需求评估。在2000年《照顾者和残障儿童法案》中,照顾者评估的权利得到进一步延伸。

评估应该是全面的,要考虑到一个人生活的所有相关方面,例如身体的、情绪的、性别、社交、闲暇、文化、宗教和精神等方面的需要。评估还应该包含一个人的劣势和优势、资源和专长的领域。现实中时常存在一种倾向是关注人们的残障和衰退,而不是他们持有的能力。然而,风险评估是至关重要的,它展示了人们所面临的危险、损失和倾向,例如,因视力衰退或者手部患有关节炎而造成在厨房烹饪时发生意外。

照顾计划、介入和回顾

实务工作者有责任通过将评估结果转换为照顾计划的过程,确保已评估的服务使用者和照顾者需求得到满足。服务计划是与服务使用者和照顾者一起商讨他们的期待、将其转化为切实可行的、详细的、为实现特定目标而努力的项目,并探讨该如何使之实现。这需要服务使用者和照顾者共同合作。照顾计划要考虑到风险的层面,如确保人们在烹饪时有个人助理,或者通过上门送餐服务使人们的一日三餐吃到热饭。

干预可以采取社会工作的多种形式与方法(详情参阅第一章,如网络化、任务导向工作、危机干预、咨询或认知行为工作)为服务使用者和照顾者提供服务。

网络化至关重要,可以在评估过程中发现潜在的协助者,并把他们整合到照顾计划和干预过程中。

监管由于涉及要确保人们安全,因此与风险管理息息相关。但它更多用于对一个人的状况进行反复检查,从而确保照顾计划作为一个动态的、灵活的方式满足他们不断变化的需求。

保护老年人

老年人容易受到来自亲戚、朋友、邻居和专业人士等方面的虐待。虐待也会有许多形式,这些差异导致其很难分类。2006年的《保护弱势群体法案》(*Safeguarding Vulnerable Groups Act*)制定相关措施保护老年人安全。政府出版了《无秘密》(*No secrets*)(DH and Home Office,2000)一书要求改进服务机构之间的合作关系。《保护弱势成年人方案》(*Protection of Vulnerable Adults scheme*)于2009年被一个具有审查性和排除性的法案代替,其列出了不可以为弱势成年人工作的情况。情感虐待和经济虐待经常相辅相成。患有痴呆症的老年人容易遭受虐待,因此更加需要特殊保护。有时人们需要保护,以便阻止他们自我伤害或者伤害他人。社会照顾监督委员会(CSCI,2007)的一个研究表明了当限制老年人时,必须明确可接受的边界。

对饮食失调的老年人开展服务

为了使老年人的生活质量、健康和幸福指数最大化,确保他们的饮食是至关重要的。在英国,超过100万人受到暴饮暴食和厌食问题的困扰,人们对其根源知之甚少因此导致的后果十分严重。神经性贪食症(bulimia)是指暴饮暴食后紧接着使用泻药、利尿药等药物,容易产生自我厌恶情绪。而厌食症(anorexia)是由于口腔癌或咽喉癌症或类似的疾病而引起的食欲不振。神经性厌食症(anorexia nervosa)是一种由心理或精神问题导致的食欲不振现象,原因很复杂,但似乎和人们的自我认知有关,可能导致体重减轻这样的疾病容易发生在年轻人身上,但是调查显示在加拿大,因为神经性食欲缺乏死亡的人中近四分之三是老年人(见 www.publicaffairs.ubc.ca/media/releases/1996/mr-96-85.html)。

对饮食失调的人们开展服务要求很高,因为他们的根源复杂,经常容易把饮食失调的症状和普通衰老的迹象混淆。但社会工作者和一些其他的专业人士,如健康顾问、全科医生、护士和职业治疗师合作为饮食失调的老年人开展服务,采取以下建议将是必要的:

- 解决由其他原因导致的体重增加和减轻的问题;
- 对老年人饮食问题保持敏感性;
- 识别长时间或重复性胃口不好的情况;
- 了解病人故意错过或者拒绝的食物的情况;
- 预防老年人因身体储备比年轻人不足造成的灾难性后果。

为老年痴呆人群服务

在英国,大约有 70 万人患有痴呆症(痴呆症是使人的记忆和人格逐步恶化,导致隔离、人际关系恶化,最终精神彻底失常、大小便失禁,身体素质衰退甚至死亡的一种渐变性疾病)。这个数字在未来 30 年可能将会翻倍。这段时间内,英国治疗痴呆症的花费由原来的每年约 170 亿英镑达到每年约 500 亿英镑(DH, 2009a, p.9),约为原来的三倍。

痴呆症(dementia)属于阿尔茨海默氏症(Alzheimer's disease)里面的一个特定的综合征,病情会逐渐恶化,当前无法治愈,不仅会对患者自身造成极大影响还会影响与他人的关系——亲戚和朋友,以及家庭的里里外外。痴呆导致记忆能力逐步下降,理解与沟通能力下滑,不能处理基本的个人和社会事务。痴呆的症状包括抑郁,情绪改变(指人们变得烦躁),不顾社会禁忌(人们将变得直言不讳),具有攻击性(通常温和的人可能变成有口头或身体暴力倾向),抑郁或精神错乱(精神障碍的症状包括扭曲或减少接触现实)。

从历史的角度讲,一些医生不敢贸然诊断一个人患有痴呆症,尤其是在早期阶段症状不算严重的情况下。一种广泛的观点认为痴呆是逐渐恶化并无法治愈的,所以不到万不得已,医生一般不会在患病初期告诉人们已患有痴呆症。因此,家庭成员发觉时已经太晚,不得不在震惊于现实的同时,应对更严重的晚期症状。阿尔茨海默氏病协会发表了一份报告,报告统计出在未来30年会有两倍的人数患有阿尔茨海默病,比之前多出3倍的费用,目前每年花费约500亿英镑用于治疗此病。部分原因是为了应对这一预测,政府发展战略(DH,2009a)旨在通过以下方面改善对痴呆症患者提供的服务:

- 早期诊断;
- 给患者提供更全面的信息;
- 积极介入;
- 提供照顾和支持。

这一目的在于通过初期更多的积极服务,在给家庭造成毁灭性的后果之前协助患者更好地适应现实。

案例

塞尔玛,65岁,处在阿尔茨海默病的早期阶段。她的丈夫弗兰克78岁,他向社会工作者坦言自己需要休息一段时间,所以希望把妻子送到护理养老院居住一段时间。塞尔玛已经出现晚上梦游的症状,当工作人员尽力去阻止她企图走去他人房间或者走出房外时,工作人员已经察觉到她突如其来的情绪变化,塞尔玛的医生告诉弗兰克,塞尔玛以后可能会经常出现暴躁、易怒情绪。

为了应对塞尔玛的病情,当她再次乱走时,工作人员对她口头上提醒。经弗兰克允许后,医生晚上给她注射镇静剂帮助她睡眠。知情同意(informed consent)是一个术语,把所有可能的后果提前给相关人解释,把照顾的方案提前告知有关人士,然后由他们决定是否同意采取相应措施。

案例

罗莎已经80岁,一直饱受几方面严重健康问题的困扰,因此需要经常性干预。她本身是一个资深的护士并是个"不耐烦的病人"。当她在经济和情感上遭受亲戚的和照顾者的虐待的时候,她的社工始终提供支持。社工的工作就是确保罗莎在与人联系的过程中,保有尊严,受到尊重。社工承担了罗莎的一些生活工作,帮助她完成她写作自传的梦想。这加强了罗莎的自尊心,帮助她处理严重的情绪低落,同时也让更多的专家参与到她的治疗项目中,这成为她以人为本治疗的重要成分。

过渡性工作

社会工作者要确保使用一种灵活的方式使服务使用者适应生

活上的转变,比如从医院回到家中或是从家中搬去收容所或养老院。不得不搬离家庭会给老年人带来特别的伤害,他们对自己的家有很强的情感依赖,其中充满了回忆。对于丧失听力或视力或认知的人们,以及没有亲朋好友给予支持的人们,过渡性工作便会显得尤为重要。

社工有责任通过拜访老人来密切关注照顾家庭的情况。这是社工义不容辞的,同样像其他专业人员或亲朋好友在拜访的时候也应对此负有责任,必须警惕虐待的可能性和"告密"(whistleblow)的可能性。

关键问题

为更好地给老年人提供服务,社会工作者需要学习多方面的专业知识。随着人们年龄的增大,情感的力量很容易被低估。社工需要处理可能出现在家庭成员之中的矛盾。比如,对于照顾者和老年痴呆症患者(dementia),对于他们来说什么才是对他们最好的,这个矛盾就很常见。老人并不一定会从照顾者的建议中受益。2005年《精神能力法》指出或许家庭成员之外的"外人"来提供建议是个更好的选择。

社工是一个独立的个人,一方面认同老人的生活经历和愿望,同时扮演中间人的角色去交涉确保老年人得到他们想要的服务。

社工也可以扮演照顾者的支持者和建议者,或照顾者(们)的角色。在处理一个复杂的、有深度的家庭问题时,老年社会工作者需要与不同的照顾者合作来提供服务。社工需要咨询照顾者,帮助照顾者建立自我需求评估体系,并引导其建立一个与之相关的行动计划。在此过程中,有效利用资源是必要的,如使用网络服务,自助团体、照顾者组织或小组提供的服务,电话、网络联系号码和地址等。

随着年龄增长,老年人的脆弱性逐步显现,他们担心日后没有人帮助他们解决生活上的问题。社工与其他从事医疗和社会照顾实务工作的人合作,可以为老年人提供支持,最大限度地保持其独立性,帮助老人重拾对生活的信心。

小结

随着人们预期寿命的增加,老年人在总人口中所占的比例越来越高。由于自身疾病的困扰,老年人需要依靠照顾者、医疗和社会服务才可以正常生活,这是一个长期忍受的过程。老年社会工作需要跨学科专业人士的共同努力。本章解释了通过社会工作的开展,社工如何明显提高老年生活质量。

推荐阅读

开展老年社会工作时,一个好的想法和信息之源:Lymbery, M. (2007) *Social work with older people. Context, policy and practice*, London: Sage Publications。

一本研究和了解老年社会工作概念、政策与实务的书籍:Phillips, J., Ray, M. and Marshall, M. (2006) *Social work with older people* (4th edn), Basingstoke: Palgrave。

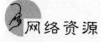

网络资源

帮助了解老年人状况和政策方面提供有用的信息:www.

helptheaged. org. uk。

帮助老年人建立的一个项目旨在整合研究人员、机构和健康部门的经验,在照顾方面建立良好的实务原则:www. myhomelife. org. uk/ProjectThemes. htm。

英国社会老龄化研究促进了对老龄化的原因和后果的研究:www. bbsrc. ac. uk。

国家饮食失调信息中心:www. nedic. ca。

慈善机构提供关于阿尔茨海默症和痴呆症的照顾和信息:www. alzheimers. org. uk。

第八章 残障社会工作

简　介

残障社会工作者身兼双重职责,既要为残障者提供满足其需求的服务,又要应对社会对残障个人和群体的歧视性对待。本章重点介绍残障社会工作的政策和概念背景,以及主要工作领域。

实务背景

接受社会照顾服务的人群中很高比例的是残障者,社会工作者的很多工作也与之相关。因为社会观念的耻辱化态度视这些群体异于常人,将其排斥在特定活动之外,所以肢体残障——也被称为肢体障碍——与听力障碍会导致其处在无能力状态。残障这一概念是指社会环境耻辱化并视某些群体为残障的或无能的,歧视或将其排斥在社区、教育、休闲和工作机会之外。损伤这一概念则指个体的身体或心理的功能或形态缺失或异常,这种差异使个人的能力和活动受限。为了从语言和称谓上澄清残障不仅源自个人的损伤,更来自社会强加于他们的障碍,残障者(disabled person)的称谓比残障者(person with a disability)更好、更恰当。

英国残障人口数量并没有准确的数字,但官方估计在 1000 万左右,也就是英国 6000 万总人口的六分之一(DWP, 2004)。学习障碍(learning disability)常被用于形容在学习能力方面有困难的人群,这一名词也带有明显的耻辱化标签。深度学习困难者大约有 150 万,虽然仅占了残障者的一小部分,但有重要影响。有研究表明,对学习障碍的忽视普遍存在,四分之三的人说不出任何一种学习障碍(Scopulus, 2008)。

残障社会工作面临很多的挑战,原因如下:

- 残障者对主流媒体和专业人士对残障所持的态度日渐不满;
- 残障者期待面向他们的社会政策和服务给予他们更多的独立性和选择权。

残障方面的社会政策和服务及其背后的假设引发了很多争议,这些争议不仅发生在残障群体内部。残障者的社会运动已经带来了极端歧视方面的修正。很多政策也通过立法来禁止各种明显的生理和社会歧视,例如建筑师和设计师在规划和设计办公室、公共设施和住宅时必须保证轮椅者和助行器可以进入和使用。

政策改变

20 世纪末,满足学习障碍者需求的国家政策方向在《提升人们价值白皮书》(*the White Paper valuing people*)中得到了体现(DH, 2001a)。白皮书提出了四项规范相关服务的基本原则,其关键词在下列四个原则中用粗体字标出。

- 满足人们的**公民权利**；
- 确保人们在满足自身需求的最大**独立性**；
- 确保人们在满足自身需求时的**选择权**；
- 确保努力实现残障群体的**社会融合**。

坎贝尔（Campbell, 2002a）关于融合教育（inclusive schooling）的讨论在社会照顾和社会工作领域得到了广泛的应用。坎贝尔提出的融合旨在减少主流社会中人们活动和参与的不平等。融合不仅是个人期待，更是社会目标，因为残障人士难以进入社会不同领域的责任并不在残障者个人，社会需要做出改变以实现三个方面的平等：

- 接纳残障者的社会环境；
- 残障者的社会参与；
- 残障者社会参与的融合结果。

坎贝尔（Campbell, 2002a, p.12）指出在谈论社会融合时，还需要将组织和社会层面上的融合与排斥过程纳入考虑范围。这对于带动家庭、社区和社会组织在各自情境中促进融合至关重要。理想状态是在各自情境中残障者都可以感受到"共享观念和本地参与"（Campbell, 2002a, p.33）。

此外，社会政策还聚焦于完善社会保障体系，采取多项措施鼓励残障者实现就业和再就业。这不仅可以减少财政（国家财政收入）开支，而且可以增强残障者的自尊心并促进社会融合。

历史上，残障者往往受到社会歧视，被贴上耻辱化标签，被排斥在社会之外。肢体残障者和学习障碍者常被关进远离其生活的机构。直到20世纪后期,才有了少量社会政策提供社会资源和服务协助残障者独立生活。

残障运动

从20世纪70年代起,残障者开始组织起来,通过社会运动反对医学模式的、将残障完全归因于残障者个人的主流社会观念。这里指的残障运动并不是统一的运动,而是指20世纪60年代起的残障收入组织(the Disability Income Group),以及70年代遍及很多西方国家的残障运动。通过这些努力,残障者取得了三个方面的胜利:

- 挑战了对残障的耻辱化标签;
- 批判了相关社会服务,带来了社会政策的改变;
- 发展独立性而非自治和自足。

在各种努力下,这些集中又独立的残障运动大大促进了残障者独立生活、以人为本的社会支持等理念,促进残障者自助开始成为残障社会政策和社会服务的重要理念。这些观点都与政府社会服务个别化策略(详见第五章)相关,这对残障者有重要启示。

个别化残障社会服务根植于以人为本的服务计划(person-centred planning),这一服务计划策略在《提升人们价值白皮书》中被首次提出(DH,2001a)。以人为本的服务计划与个别化服务(personalisation)类似,都是聚焦于为人们提供充足的资源和服务,协助人们尽可能地独立生活,学习决定和选择适合自己的服务。

这可以通过使用个人预算(individual budgets)直接支付(direct payments)(见第六章对此的讨论)。

案例

因为学习障碍和身体残障,露西行动受限,出行需要使用轮椅,在福利院独自居住。为她服务的社会工作者三年前曾询问她是否愿意加入一个通过自助而实现的个别化服务实验计划(参见Carr,2008,5)。这个计划可以帮助露西:

- 决定她自己需要的支持种类;
- 全程参与关于她的服务需求供给的决定;
- 认可她的亲戚和朋友为她提供的帮助或服务;
- 为她选择的支持资源分配负责。

露西目前正与她的社工协商个人预算,以便实现对她接受的所有健康和社会照顾服务的自我决定,无论是现金支付的形式还是服务形式。

案例

安东,14岁,脑瘫。脑瘫是非发展性的,其症状表现多样,安东主要表现为无法清晰地表达和行走,会出现无法控制的肌肉痉挛。

实务的法律基础

1948年颁布的《国家救助法》(National Assistance Act)的第19部分对残障者的法律界定是:残障者指"盲、聋、哑、精神障碍,以及永久或持续因疾病、损伤、先天缺陷或其他被政府认可的原因致残者"。此外还有很多法案可以为社会工作者开展残障服务提供法律依据(见表8.1)。

表 8.1　与服务残障人士相关的法律法规列表

1948 年《国家救助法》	规定了地方政府提供家庭照顾的责任
1970 年《慢性病及残障者法案》	规定了地方政府为慢性损伤者提供实务服务
1986 年《残障者(服务、咨询、代表)法案》	强化了 1970 年《慢性病及残障者法案》
1990 年《全民健康服务和社区照顾法案》	规定了开展居民需求评估和提供适当的社会照顾的责任
1995 年《残障歧视法案》	规定了包括地方政府在内的公共主体促进残障者平等参与的责任
2006 年《残障歧视法案》	规定了公共主体促进残障者平等参与,消除歧视,减少对残障者的伤害,促进残障者社会参与的责任
2006 年《社会平等法案》	规定了公共主体促进社会平等的责任

与其他健康和社会照顾部门的许多参与者一样,社会工作者有责任支持残障者的权利,对此进行社会倡导,确保他们有权利获得他们需要的必要社会服务,满足其基本需求。表 8.1 中列出的法律法规反映了过去几十年间身体残障和学习障碍者被歧视和社会排斥的印记,这些歧视和社会排斥增加了残障者面临的社会障碍,是一个被残障的过程。残障主义(disablism)一词常用来指代认为残障者不如其他群体的态度和行为。1995 年的《残障歧视法案》及其后续的 2006 年《残障歧视法案》在国家立法层面挑战了社会对残障者的歧视。2006 年英国正式启动了以平等为基础的社会政策,并成立了平等和人权委员会(Equality and Human Rights Commission)以推动人们社会生活各个方面的平等化。

实务场所

残障服务领域涉及很多不同的实务场所,例如医院、福利院、日间照料中心和家庭。在这些地方残障者可以使用个人预算购买所需的照顾服务或个人支持服务,以便增加其生活的独立性。英国大部分的健康和照顾服务是由全国健康服务和地方政府授权,由非政府组织和私营组织提供的。残障者越来越多地可以在服务选择方面拥有自主权,可以管理自己的个人预算,这意味着他们可以实现对自身接受的社会服务的控制。下面的两个案例可以具体说明。

案例

莱恩患有脑瘫,三年前他与自己的社工商量修改接受的社区照顾服务,对地方政府成年照顾服务部门提供的个人预算进行管理。他雇用了三名兼职照顾者,排班提供一周的照顾服务。这一做法使得他可以实现繁忙的工作和社会生活,包括参加会议,管理一家当地的服务使用者小组和参加体育活动。

案例

莫伊拉有学习障碍,她雇用了一名个人助理每周三天与她见面,帮她处理行政性工作。她告诉社工她讨厌"照顾者"这个称谓,而更愿意使用"个人助理",因为后者不带有耻辱性标签,不让她听上去是被动依赖的。

实务方法

残障模式和残障反馈

残障是一个总括性名词,指有身体残障或学习障碍的人。以往对残障者的服务是以低下、耻辱和歧视性的假设为基础的,残障者被假定为"缺陷""不正常"和"残缺"。这些不同的假定往往与残障等同,其中的歧视显而易见。这通常被称为残障模式。这里模式是指某一主题下的一系列概念假定和观点。

在众多的研究报告、期刊论文和专业书籍中,主要提到三种残障模式:医学模式、社会模式和权利模式。这种分类方式虽然显得有些简化,但却是区别各种模式和实务方法的有效途径(见表8.2)。

表8.2 残障模式比较表

	个体模式	社会模式	权利模式
对待残障的观点	个体的生物医学状态	社会因素导致的残障	人权
专业人员的看法	视残障为个人问题	社会耻辱化标签和社会排斥的结果	扩展的人权

个体模式

有时也被称为生物医学模式(biomedical model)。它假设残障是残障者作为个体的一个特征。因此无论是身体残障还是学习障碍,残障都被视为疾病,或者至少是偏离人们的正常状态,残障者则被认为是非独立的,需要专业人员矫正(Barnes et al, 1999, 175 p.25)。在生物医学模式看来,残障意味着健康缺陷,是残障。

社会模式

与个体模式相比,社会模式强调的残障环境更为中立。相较之下,社会模式聚焦于社会结构和各个社会机制是如何造成个体障碍的,如住房、收入、建筑、交通、教育和就业等(Barnes et al, 1999, p.31)。20世纪七八十年代,残障的社会模式运动兴起,反对将残障视为残障的医学视角的个体模式。沃弗森伯格(Wolfensberger, 1972)提出了正常化理论(normalisation),开启了非残障的视角,提出尊重残障者的价值,尽可能拉近残障者与非残障者之间的生活距离。随后,沃弗森伯格又提出了社会角色维持理论(social role valorisation),强调社会性贬低,指出与其强调让残障者与非残障者产生联系,不如建议主流社会的充分融合(Shakespeare, 2006, p.22)。

对社会模式的批判

莎士比亚(Shakespeare, 2006, p.2)谈了很多对社会模式的批判,主要集中在以下三个方面:

- 反对他称之为的"强社会残障模式"。
- 这一模式既没有从医疗角度减少残障,也忽略了身体限制和差异带来的困境。
- 社会模式过于强调了残障者从基于社会原因的障碍中获得自由。他指出残障者同样有获得服务的需求,强调独立和自主间的区别。他认为,自主是完全脱离服务的状态,而独立则承认某些支持的必要性。他更赞成用独立作为残障者的理想状态。

虽然对社会模式有上述的批判,但从个体模式向社会模式的转变确实推动了残障者权利的显著提升,持社会模式观点的众多学者和公众有着不容忽视的贡献。

权利模式

权利模式视残障者为(实际上或潜在的)主动和独立的。不同于以残障者是有需要的为基础的假设,权利模式认为残障者的权利才是首要的。这一模式将关注点从残障归因于个人或社会因素的争论转移到强调社会政策和法律法规必须要倡导和促进残障者的权利和资格。

案例

马克有严重的学习障碍和轻度自闭,20 岁,与单亲父亲一起生活在农村。目前,在当地社会工作者的支持下,他通过当地一家非政府组织提供担保的个人服务掌握自己的个人预算,使用计算机充当虚拟机构实现个别化的健康和社会照顾服务。

马克的父亲负责与马克的个人助理协商,管理他的个人服务。个人助理协助马克参与日间中心的服务,接受艺术治疗和音乐治疗。

通过权衡保持马克独立性的收益和风险,以保持马克独立性机会为原则,社会工作者不断修订马克和他的父亲主导下的个别化服务。虽然要面对一些安全风险,但是马克的身体和情绪状态却明显改善。

实务

残障社会工作不仅局限于为残障者安排帮助和协助适应,但确实是至关重要的。从历史视角看社会服务的功能可以追溯到20世纪70年代。在1970年颁布的《慢性病及残障者法案》指引下,社会服务部门承担了主要的分配资源给肢体残障者。进入21世纪,社会服务在通过支持性技术(适应性康复和其他辅助器具一边实现他们最大化的独立性)获益方面对严重损伤者仍有重要意义,如视障者、听障者、无法行走者及其他多重损伤者。一系列的社会工作方法,包括咨询、倡导和增强等,发展出来用以实现残障者的增能,以便让他们获得更充实和独立的生活。

社会工作者促进残障者为自身做倡导也是重要的实务领域,这项工作常被称为自我倡导(self-advocacy)。更普遍而言,倡导通常在法律领域中使用,这就意味着存在的不同形式。在社会工作领域,倡导更常指让人们站出来为自己发声的观点。残障工作中的自我倡导是常见的内容,意味着提出自身状况的看法。

典型的自我倡导目标在于为他们增能,对他们需要的服务做出重要的决定。

案例

米歇尔有学习障碍,有一个志愿者作为她的个人助理提供支持,促使她持续地为自己的利益做倡导。作为一个促进者,米歇尔的社会工作者通过米歇尔的个人预算来保证这样的安排可以持续。个人预算可以确保米歇尔获得的所需服务的个别化,以及以她希望的方式获得。米歇尔的协助者从事支持性的工作,但并不会取代米歇尔的决定或减少她的独立性。米歇尔的目标之一就是保持她在当地的运作支持者方案的非政府组织中的会员资格,并时常扮演这一组织的带领者角色。米歇尔的协助者常帮她完成一些操作性工作,比如安排或者参加会议,在会议中全程坐在她的身边,低声解释会议内容。米歇尔设立了一套红绿卡供组织中的残障会员使用,红卡用于残障会员认为需要中断会议来澄清一些内容的时候,绿卡则表示会议可以继续进行。米歇尔的社工负责对协助者进行培训,并给予充分的督导,确保照顾者承担起增能而非越权的职责。米歇尔的培训由地方政府出资,但由她自己主导。

米歇尔及其协助者在与社工会面的时候会坦诚交流服务意见,不仅沟通哪些进行顺利,也会讨论哪些需要改进。社工会将这些批评意见视为对其的信任和赞赏,是出于对社会工作者能够吸取批评意见、进行反馈并给予专业回应的信赖。

有品质发展的团体照顾(group care)

有些学习障碍者生活在福利机构中,接受团体照顾。理论上我们是可以创造出家庭式的、关爱的、支持性而又增能的团体照顾设施的,但克莱门特和毕比(Clement and Bigby, 2010)的研究显示,现实与这种理想状态有很大的差距。

我们可以从克莱门特和毕比的研究中了解什么呢?这一研究提供了优质团体照顾的重要指标,我们可以从研究发现中总结出以下九条:

● 服务过程可以体现出清晰的政策目标和一致的政策管理。

- 确保福利机构落实政府的学习障碍者策略(DH, 2001a),参见本章前面的介绍。
- 福利机构具备恰当的领导力、稳定的员工队伍、较低的员工流失率。
- 给员工充分的支持和协助。
- 完整的员工责任。
- 将个人生活质量作为优先原则。
- 确保提供家庭式的、支持性团体照顾。
- 确保人们像在家里一样在机构中实现高度的自我决定,并参与有意义的活动。
- 完整的服务监督。

关键问题

社会工作者必须应对人们复杂的需求和不确定的后果之间的张力。在残障社会工作领域,发展个别化服务需要有个人预算,个人预算可以提供资源和服务以满足残障者需要。

案例

斯特拉有学习障碍。她的社工联系了当地一家的经纪机构,这是一家名为独立生活倡导(Independent Living Advocacy)的非政府组织。联系这家机构的目的是为斯特拉提供一名经纪人,商讨并形成最适当的个人预算,以满足斯特拉的需要。当地方政府确认这名经纪人可以胜任这项服务后,她就开始与斯特拉一起工作,确定资源分配方式和实际预算。

斯特拉与她的经纪人一起具体商讨她的需要、期待和偏好。

他们共同制定一项可以满足其需求、获得适当的服务和资源的服务计划。社工要确保:

- 协助经纪人确保斯特拉的个人预算可以满足她的需要;
- 确保经纪服务不变为机构化的和固定的,确保其对斯特拉开放。

小结

本章介绍了众多社会环境中对肢体残障者和学习障碍者的耻辱化、歧视,甚至社会排斥的一些表现。社会工作者有责任为残障者增能,维持其生活独立性。残障者中有些希望不被视为残障,有些则通过直接支付或个人预算的方式发展自身服务。因此,残障社会工作者往往采用残障的社会模式或权利模式,这两种模式虽然在侧重点上有些差异,但都认可残障源于社会性制约和障碍的观点。

推荐阅读

一本优秀的、基础的、最新的介绍残障的社会模式的书:Barnes, C., Mercer, G. and Shakespeare, T. (1999) *Exploring disability: A sociological introduction*, Cambridge: Polity Press。

一本个人的,但具有可读性的,关于倡导和自我倡导观点及其实践的书:Brandon, D. (1995) *Advocacy: Power to people with disabilities*, Birmingham: Venture Press。

一本广为人知的批判残障社会模式的书,其中也包含了一些有趣的残障、优生学和安乐死的讨论素材:Shakespeare, T. (2006)

Disability rights and wrongs, London: Routledge。

网络资源

学习障碍基金会(Foundation for Learning Disabilities),精神健康基金会的分支机构,资助研究和服务实践,促进服务发展:www.learningdisabilities.org.uk。

获取利兹大学已出版的相关研究资料:www.leeds.ac.uk/disability-studies/archiveuk/。

残障研究中心,获取曼彻斯特大学相关会议论文资料:www.lancs.ac.uk/cedr/。

第九章 精神健康社会工作

简 介

因为具备跨学科的知识基础和广泛多样的工作方法,社会工作者在各种机构的精神健康服务领域都有重要贡献,很有用武之地。这些机构中有些是跨专业合作的,是以全民健康服务、社会工作、社会服务机构或地方团体或私人机构、志愿服务组织以及独立背景的专业机构在一起工作。服务于精神健康领域的社会工作者既要有社会学、心理学等广泛的社会科学理论基础,也要有掌握精神疾病、人们的精神健康需求等临床技能,从而介入他们的生活,规划并传递相关的社会服务。

实务背景

精神健康服务领域的政策和组织环境在 20 世纪末产生了显著变化。服务由来自地方财政的精神健康信托基金支付,其他主要的健康照顾提供者或专业服务提供者是私人机构、志愿服务组织和独立机构。这种服务强调合作,比如不同机构和专业组织的合作,服务使用者和照顾者的合作等。服务过程中,政府人员和服务提供者不断澄清那些被精神健康问题困扰的服务对象的需求,倾听他们的声音。

184　　精神研究领域的学者和机构(如 Mind, www.mind.org.uk)强调精神健康问题会对个人及其家庭产生严重后果。例如,当一个青少年出现了精神健康问题,或一个单亲家长正经历一方面无法保住现有工作,另一方面也没能找到新工作的双重困境而造成的失落情绪时,往往会被贴上精神疾病的标签。从这个意义上讲,精神疾病不仅使个人陷入困境,同时也会影响到其家庭成员。20 世纪 60 年代戈夫曼(Goffman, 1968a, 1968b)的研究,以及持续到 21 世纪的相关研究(Thornicroft and Kassam, 2008)都讨论了精神疾病后面附加的耻辱化标签。

当今社会的精神健康问题

精神健康问题影响广泛,但却只有部分人口关注,因为只有那些可见的精神健康问题才会成为"新闻",比如占很小比例的、严重的精神病患在公共场所攻击,甚至伤害他人,被判有罪,就引起了公众对 2007 年居住在精神病院中的英国 3500 名重度精神病患的关注。精神病学中有一系列的精神病患照顾方面的术语,如重度护理、重症特别护理、特别护理、隔离病房、精神疾患重护室等。在英国安全设施一个很重要的系统是三所——分别是阿什沃思精神病院(Ashworth)、布罗德莫精神病院(Broadmoor)和兰普顿精神病院(Rampton),它们用来收押有精神残障的犯罪。

虽然这些事件是独立的、偶然的,但却使得其他精神健康问题的统计数据黯然失色。事实上,相当比例的儿童和成年人正经受精神健康问题的困扰。整体而言,女性确诊有精神疾患的比例高于男性,但男性精神病患入院者多于女性。精神病患的数字在持续上升,成年男性精神病患的数字由 1990 年的 8673 人上升到 2003—2004 年统计的 13400 人,女性成年精神病患同期的数字也由 8908 名上升到 11400 名(DH,2005b,表 1)。例如:2007 年,超过 3500 名 15 岁以上青少年和成人自杀,其中四分之三是男性,从 1991 年至 2007 年,这一比例相对稳定(Mind,2007)。相比之下,女性抑郁和焦虑的比例比男性高出了 1.5 至 2 倍(DH,2002)。

历史视角:从精神病院到社区照顾

18—19 世纪因存在大量的精神病院而被称为大监禁(the Great Confinement)时期,这些精神病院被用来收容患有精神疾病的人们,他们在里面常常一住就是几十年。20 世纪中后期这种状况出现了巨大的转变,大部分的大型精神病院开始关闭,转而在社区中为精神病患提供各种支持性服务。这种转变主要基于五个原因(Jones,1972):

- 日益增加的长期机构照顾成本;
- 政府面对的,不断增加的社会压力,这些压力来自包括精神病学服务前期使用者参与或设立的社会组织在内的压力群体;
- 医药的发展使得精神疾病的很多症状得以有效控制,这增加了精神病患在社区获得社会支持的合法性(1959 年和 1983 年的《精神健康法案》);
- 精神健康社会工作的发展;

- 公众和专业人士对精神病院状况看法的发展。

实务局限

20世纪60年代以来出现的一系列丑闻引发了公众对精神病院状况的关注（HMSO, 1969, 1971, 1972, 1978），公众和专业人士都对广泛使用的机构化照顾方式产生了强烈的质疑，纷纷讨论是否要转变对精神病患的机构化照顾方式。这期间还出现了一些执行精神病患在公共场合袭击他人的判决的事件，其中一些甚至被判了死刑（参见 Ritchie, 1994）。这增加了公众和专业人员对高风险罪犯执行判决过程的担忧，并支持对精神病患进行社区照顾仍不恰当的观点。

20世纪晚期开始的残障权利运动增加了精神健康领域的活力。精神健康服务使用者的观点对精神健康政策和实务开始有了明确的影响。

实务方法

精神健康模式

基于不同的理论和方法，对待受精神健康问题困扰人士的方式多种多样。表9.1对此做了简要的总结。

表 9.1　精神健康主要问题模式及其应对比较

模式	对问题的理解	关注点	对策
医学模式	个体病理	精神疾病	医疗的，包括药物和手术
社会模式	精神健康问题	社会环境	提供各种社会支持

续表

模式	对问题的理解	关注点	对策
康复模式	精神健康问题	个人和社会认同	发展增能的、权利为本的策略
异常模式	耻辱化	社会过程	去耻辱化、去监禁化、去医疗化

自18世纪起,医学在精神健康领域占主导地位,精神健康被界定为精神"疾病"在当时是很普通的。

20世纪60年代开始出现各种不同的尝试,其中一部分来自精神病学领域(Laing,1990;Cooper,2000)对医学取向为主体的精神健康问题治疗方式的挑战。

20世纪70年代出现了很多认为精神疾病是虚构的激烈争论(Szasz,1970,1990),萨斯(Szasz)指出:

- 精神疾病是社会建构的结果,不是独特与真实的人类行为;
- 精神病学家和社会工作者等专业人员提出的应对精神疾病的策略源自他们的道德判断。

据萨斯的观点来看,精神疾病患者被视为现代社会中的女巫,也就是说他们是被标签化的、耻辱化的,极端情况下甚至被排斥在社会之外。从20世纪60年代起,残障领域对生物医学模式和个体模式的批判为激进的精神病学家提供了依据,塞奇威克(Sedgwick,1982)详细介绍了这部分的争论。然而,激进的精神病学发展的结果却超出了塞奇威克的预期。相反,他们对病理基础的精神健康模式的彻底否定导致了其在精神健康实务领域中的彻底边缘化。

20世纪70年代起,出现了大量由精神疾病治疗幸存者(原有病患)发起的激进主义运动。在终止接受精神病学服务并批判这些服务的人们发起的众多运动中,成立于1986年的,名为"幸存者发声"(Survivors Speak Out)的民间机构是一个标志,它代表精神病患进行了很多活跃的运动。此后,全国幸存者网络(The National Survivor User Network, www.nsun.org.uk)将各个精神健康服务使用者和幸存者组成的社会组织联合了起来。

自20世纪80年代,精神健康领域中,自助组织不断涌现(Lindenfield and Adams, 1984)。匿名抑郁者组织(Depressives Anonymous)采用了其他匿名自助组织的运作模式,沿用了匿名戒酒会(Alcoholics Anonymous)的方式。同时,社会工作者常常与这些自助组织一起工作,作为领导者促发自助组织,然后逐渐转变为协助者角色,并最终让这些自助组织自我运作,这种状况在精神健康领域尤为明显(Adams, 1990)。

尽管从20世纪中期开始,对精神健康实务的医学模式就有了越来越多的批判,同时也缺乏研究证据来证明指责家庭的精神病学模式的效率,因而现实中仍有一些健康专家在精神健康服务中采用医学模式。改变了以往精神健康理论视同性恋为疾病,是有待治疗的这一观念是这个时期的一个可喜进步(见表9.1中的异常模式)。在20世纪70年代以前,许多医生认为同性恋意味着疾病,在司法体系中被认定为不合法的。这种状况在1974年发生了变化,这一年同性恋被移出了精神疾病目录。在随后的几十年间,同性恋的耻辱化标签逐渐减少,社会认同逐步增加。

实务的法律基础

精神健康社会工作遵循的法律依据主要是1983年和2007年颁布的两部《精神健康法案》。这两部法案都聚焦于精神疾病,同时2005年颁布的《精神能力法》也是判断个人是否有能力处理个人事务的法律依据。

2007年的《精神健康法案》强调专业人员指导下的社区康复,如社会工作者的社区介入可以预防受精神健康问题困扰的人陷于反复进入精神病院的困扰。法案还加强了对精神疾病患者照顾者的支持,规定了照顾者必须参与到服务计划制订当中。社会工作者具有双重职责,一是确保照顾者参与服务计划制订,二是确保照顾者承担对精神疾病患者的监护工作。虽然人们对年轻照顾者的数量估计各有不同,但大致都认可最多一个年轻照顾者(也可能是家长)可以照顾三名严重精神病患者,这就意味着同时需要超过5万名的照顾者。有研究指出年轻的照顾者(指照顾有精神健康问题的父母或照管人的儿童或青少年)会感到孤立,尽量避免参与社会活动,部分原因是在于精神疾病带有的耻辱化标签(Parrott et al, 2008)。

精神健康法案委员会负责对1983年颁布的《精神健康法案》做修订,重点是检讨法案中有关精神病患的福利和权利的规定。这部法律最终在2009年被废除,其功能被纳入新成立的照顾质量委员会(CQC)。

精神健康服务的国家标准

政府颁布的《精神健康服务国家标准》(DH,1999a,1999c)汇

总如下:

- 提升人们的精神健康状况,预防精神疾病,反对歧视,促进受精神健康问题困扰的个人和群体的社会融合。
- 改善基本照顾服务,包括对精神健康方面需求的识别、评估和有效治疗。
- 为常见的精神健康问题提供方便的、24小时的日常服务,以及高效的专业服务转介。
- 为严重精神病患者和照顾服务中的高危群体提供全面的精神健康服务,降低风险,明确地以书面告知他们如何处理危机状态,如何在全年任何时间获得服务。
- 为所有的精神健康服务使用者提供评估服务,评估他们进入有监管的医疗机构的需要,有需要时,选择尽可能少限制性环境的、在家门口的医院或者其他适当的照顾机构。
- 给所有照顾服务中的照顾者提供其作为照顾者的书面需求评估,与他们一起讨论并每年做修订。

儿童及青少年精神健康服务(The Child and Adolescent Mental Health Service,CAMHS)旨在迎合儿童和青少年的需求。2008年政府对这一服务做了修订,重点是确保精神健康服务涉及所有儿童、青少年服务者,这是大家的共同责任,而不单是儿童和青少年健康服务人员的工作职责。通过对其服务体验和服务期待的问询,儿童和青少年的参与也被优先纳入服务制定过程。

精神健康社会工作者的角色

精神健康社会工作者在经过最初的实习获得职业资格后,还需要经过额外的训练(通常称之为任职资格培训(post-qualifying))。注册社会工作者(approved social workers,ASWs)或者注册精神健康治疗师(approved mental health professionals,AMHPs)是具有资质的专业工作人员,有些情况下注册社工会用精神健康治疗师的头衔,社会工作者或医务人员在经历了精神健康服务的培训后就可以成为精神健康治疗师。早期迹象表明:不仅照顾和社会工作专业课程体系中强调价值和实务,在精神健康任职资格培训中也包含了丰富的健康和社会视角。当照顾人员和社会工作者完成了精神健康任职资格培训后会发现,从他们自身角度来看,健康和社会视角同样充满挑战(Hunter,2009,p.26)。

社会工作者的多种职位对于多专业构成的机构有重要的意义,如社区精神健康资源队和其他综合服务设施,虽然他们在英国有不同的职业发展路径和称谓(见表9.2)。

表9.2 精神健康领域中社会工作的角色和职位

实务人员	咨询者/顾问
社工领队	社工导师
社工团队带领者	社会工作顾问
高级实务工作者	精神健康咨询顾问
高级社会工作者	精神健康专家
责任治疗师[a]	精神健康临床导师
社会工作者	
社区精神健康工作员	

注:[a]责任治疗师一词多用于指精神健康机构中的领导角色。社会工作专业人员可以转变为社会工作咨询师,扮演专家角色,甚至进一步发展成为一名责任治疗师。

精神健康机构中,社会工作者的工作包括综合评估、风险评估、跟服务使用者及其他专家一起商讨照顾计划,通过个案、小组或家庭治疗等方式开展治疗、检讨服务计划等内容。

工作新方法

考虑到当今服务期待标准提升带来的实务意义,政府提出了精神健康服务专业人员的"十项基本能力",也就是专业术语中指的知识、理念和技能(DH,2004a)。

健康照顾课程中的新工作方法(DH,2007)提出用完全的健康照顾和社会照顾来提供精神健康服务,其中包括了社会工作。这一课程适用于所有精神健康服务相关的健康和社会照顾专业人员。工作新方法首先始于精神病医生的训练课程,并于2005年出版了一份报告(DH,2005c),随后在2007年又出版了一本面向所有人员的《工作新方法》(*New Way of Working for all*)(DH,2007)。

新工作方法的独特性在于工作团队民主分配工作任务(见图9.1)而不是按照层级分配,例如精神病医生作为团队领导分配任务(见图9.2)。

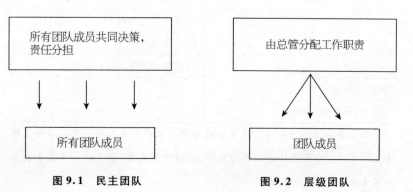

图9.1 民主团队　　　　图9.2 层级团队

这种新工作方法(见图9.1)试图解决跨学科精神健康服务机构中有时存在的社会照顾和社会工作专业的边缘化和不稳定。社会工作者和其他专业人士使用新工作方法的独特优势在于可以获得新技能,也可能变为扮演社会工作顾问的专家角色或作为责任治疗师扮演领导角色。

英国的精神健康服务距达成理想的整合状态还有一段距离(Parrott et al, 2008)。在某些实务领域,人们的问题十分复杂,需要整合一系列的方法。例如,双重诊断(dual diagnosis)是指精神健康问题和药物滥用问题共同存在。存在这些问题的人往往非常脆弱,处在失业当中、无家可归、被社会排斥。

任职培训实务

社会工作者取得职业资格后,通过任职培训获得足够经验才可以成为一名精神健康治疗师。精神健康治疗师在精神健康专业服务中扮演做决定的关键角色,能够对跨学科或整合精神健康服务队的工作做出重要贡献(见第八章)。

实务场所

精神健康服务是由范围广泛的众多机构、组织共同提供的,他们有时单独服务,有时则互相合作(见图9.3)。

案例

梅格是一名社工,主要负责发展自助组织,就是发动各种受精神健康问题困扰的人组成自助小组。她在小组成立初期参加小组活动,推动其发展,一旦小组正式成立则逐步退出。

图 9.3 精神健康服务体系

社区照顾

许多长期病患和潜在的精神残障者可以通过服药留在社区中生活。

案例

大卫患有精神分裂症,他的社工有时会提醒他每两周去看一次门诊以获得持续的药物。这些药物可以控制大卫的症状,使他可以完成自己兼职校对员的工作。

儿童和青少年精神健康

儿童受到多种精神健康问题困扰,甚至被认为与成人的状况类似。例如,儿童抑郁是一个严重而常见的问题。儿童精神健康问题发生率的变化原因在于很难识别,因为大部分年轻人都没有接触过精神健康服务。比如,虽然 2003 年英国 10—19 岁青少年的自杀率与1997年相比下降了28%,但事实上男生的自杀人数是女生的三倍,我们并不清楚其中的原因,因为只有14%的自杀青少年在自杀前一年内接受过精神健康服务,这个数字在成年群体中是26%,在年轻女性中的比例是20%,在年轻男性中的比例是12%(Windfuhr et al, 2008)。

儿童及青少年精神健康服务(CAMHS)是一个跨学科服务,有不同专业背景的工作人员一起工作,包括精神病医生、精神科护士、照顾者、精神治疗师、心理医生和社会工作者。这一服务通常面对16岁及以下的儿童和家长。儿童及青少年精神健康服务通常是由不同机构中的医务工作人员转介而来(见图9.4)。

实务方法

各类精神疾患的治疗方法取决于其本质,例如看它是源于精神官能症、精神失常抑或人格分裂。

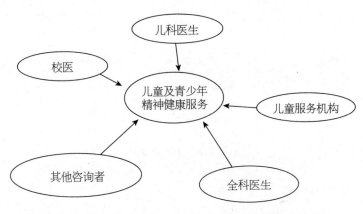

图9.4 儿童及青少年精神健康服务的儿童和家庭转介来源

有些方法偏临床治疗,另一些体现了社会性假设,还有一些则是发展性的。例如,我们也许会认为儿童的精神健康和他们的教养方式之间明显相关。尽管如此,全面的、全人的或以家庭为聚焦点的整全方法(holistic approaches)还并不多见。家庭治疗和家庭为本的方法是整合方法的代表,它们将包括社会工作服务在内的儿童和成年服务、健康和社会服务整合在一起。虽然有还未普及的局限,但儿童及青少年精神健康服务方法的丰富和多元是值得推崇的。由社工和其他专业人员跨专业组成的服务队在提供儿童及青少年精神健康服务中的努力尝试,有助于发展、激励和贡献于各种不同传统的治疗性工作(见图9.5)。

图9.5 干预方法

认知行为治疗

作为哈特尔普尔(Hartlepool)分支思想的人类假定(the Human Givens)原则包含整合一种治疗方法,例如整合认知行为治疗和现有的知识和技能,增强人们解决问题的能力。人类假定是指人们拥有与他们自认为一致的能力:"生理和心理需要、能力,这些使得人们更有能力满足自身需要。"(Taylor,2009,p.29)

咨询

精神健康问题患者咨询的方式,其可以与药物治疗等其他方法结合起来使用。

药物治疗

自20世纪70年代中期以来,药物在治疗精神健康问题方面的使用越来越多。药物有效性的不断改进是造成这一趋势的重要原因。

家庭治疗

家庭治疗仍然是精神健康问题治疗的重要方法,也是社会工作专业训练中的一个专门领域。有些实践在跨专业机构中开展,比如医院的门诊服务,或者青少年精神健康服务机构。

其他治疗方法

精神健康服务领域有非常多不同的治疗方法,从个人心理咨询、团体心理咨询、儿童的游戏治疗到大量的互补治疗,各有不同。

整全方法

整全方法有两个基本要素:

- 聚焦患者这个整体,而不是仅关注患者的精神健康症状;
- 在家庭、学校、单位和社区等更为广泛的关系体系中与患者一起协作。

整全方法既可以是预防性的,也可以是治疗性的(指疾病症状显现之后)。有研究(Aldridge, 2002)表明如果机构和专业人员只单纯为受精神健康问题困扰的人服务,就会增加耻辱化,同时也无法让其家庭成员和家庭支持网络从服务中收益,获得支持。实现改变的办法是整全方法的运用,即与家庭一起工作,发展充分的资源,预防精神疾患及其家庭成员常遇到的耻辱化和排斥问题。尽管还需要更多的连接性服务,英国的精神健康服务正尽力提供全家式的或整全的服务模式(Parrott et al, 2008)。

实务

现有的面向恐慌症(如广场恐惧症,惧怕公共空间)、抑郁症、神经官能症等各种主要精神疾患的服务非常广泛。

康复方法

康复的概念在精神健康领域是存在争议的,因为康复不可避免地会与医疗模式中的治疗联系在一起。事实上,康复的内涵是多样的,并不是一个单一的定义。它可以指让人们完全恢复健康,也可以指让人们实现对其周围环境的控制。

危机处理(crisis resolution)和家庭治疗(home treatment)都是康复取向的方法,提供更多的个别化的方式和机会回应人们的精神健康需要。

康复方法通常有两种选择:诊断的医学模式和临床为基础的治疗。康复方法可以采用类似自助的方式,强调康复者个体的优势和体验,而不是将其精神健康问题带到机构中去(Repper and Perskins, 2003)。例如,康复国际方法(the Recovery International Method)(参见网址:www.lowselfhelppsystems.org)与匿名戒酒会(Alcoholics Anonymous)的十二步方法(12-step approach)类似,注重个人控制能力的增强,以及解决问题的意志力的发展。康复国际(www.recovery-inc-ireland.ie)是一家爱尔兰的自助组织,其工作重点是增加人们控制神经质倾向和行为的技术和能力。精神健康基金会(2008)发布了关于康复方法的有用资讯。更多关于康复方法的介绍可以参见本章末的网络链接。

诊断式社区治疗和诊断式外展服务

诊断式社区治疗(assertive community treatment)通常指诊断式的、社区为本的方法。在美国,这是一个高度结构化的方法,将依靠药物控制不良行为作为制度性治疗方式。瑞恩(Ryan)和摩根(Morgan)(2004)提出的诊断式外展服务(assertive outreach)是一个优势视角的方法,是以评估人们的优势为基础的,并将优势纳入照顾和合作计划当中去。

案例

丽莎 16 岁,正在努力完成自己的英国普通初级中学毕业文凭课程(GCSEs)。她有一个秘密几乎从来不跟外人分享。她在家要照顾有精神疾病的母亲。像她这种状况的儿童和青少年在英国有 5 万多名,其中大部分是女孩,她们在家照顾家长或其他亲属,尤其是母亲。

丽莎的妈妈患有反复无常的抑郁症,因此丽莎很难集中精力用于学习。同这种情况下儿童的典型表现一样,丽莎为妈妈的问题感到耻辱,不愿意跟别的小朋友一起玩,也不带小朋友回家玩。

幸运的是,最近当地的儿童服务机构了解了丽莎照顾妈妈的责任。她的社工知道关键是要运用整全方法,而不是病患主导的方法,提供三种支持性服务:

- 对丽莎的服务:帮助丽莎开始更充实的学校生活,使她在学校更加积极,更多地挖掘其潜能;
- 对丽莎妈妈的服务:通过恰当的各类服务和专业介入分担丽莎照顾妈妈的负担,减少丽莎和其他成员感到的羞耻感;
- 面向其他家庭成员的服务。

高、中、低保护机构的准入许可

当人们需要被强制性入住精神病院的情况下,社会工作者扮演着关键角色。精神科重症特别护理(psychiatric intensive care)是指病患被强制性安置在安全环境内,通常适用于精神障碍短期症状。收容(sectioning)是指根据1983年《精神健康法案》在精神病院中安置病患的过程。这个过程是参照法律的具体章节的(第二章:预估许可;第三章:治疗许可;第四章:紧急状况许可;第五章:强制性监禁已入院的非正规病人)。

出院

根据1983年《精神健康法案》,当精神病患接受封闭治疗出院后,社会工作者整体介入服务。法案第117条规定精神病患应该享受免费服务,其中不包括成年社会照顾服务测试性服务。社会工作者的角色就是保证地方机构对此做出了恰当的决定。

案例

琼斯先生今年 80 岁,因为摔断了腿而住院几周。出院后,他的社工对他的需求提供保障,首先他搬入了避难性公寓,有一个照顾者每天早晚会上门帮他洗漱和穿衣,进行个人保健、护理和其他居家服务(个人护理的范围比个人保健更宽泛,详见第五章)。社会工作者要确保琼斯先生不是这些服务的试验品,所有的服务要遵循 1983 年《精神健康法案》第 117 条的规定免费提供。

关键问题

精神健康社会工作实务中风险管理意识,以及对专业服务和使用者为本的服务之间的张力的理解仍占主导地位。

风险管理

在精神健康社会政策和实务中,大众传媒常常报道一些严重精神障碍者的犯罪行为,这固化了人们对即使不很严重的精神健康问题的耻辱化印象。这也导致实务中,对持续在社区中接受治疗和支持性服务的精神障碍者伤害风险的评估和管理,大部分集中在对公众的影响上,反而较少关注其对服务使用者的影响。这种状况下,风险意识的重要性优于一切其他实务的精密的、细微的方面。过去几十年间,护理课程的授课方法和内容在支持重度精神障碍者方面有了很大的发展(DH, 1999b)。

服务使用者参与

服务使用者参与是实务的核心原则。然而,传统的以专家评估和治疗为基础的精神健康服务,和 21 世纪发展起来的、以自我评估为基础的,服务使用者自我规划精神健康服务之间有着很大的张力。关于未来的观念在一系列的变化里越来越真实了:20世纪90年代中期以来,由服务使用者直接支付费用变成了现实。进入21世纪,个别化宣言和运动催生了个人预算的方式。

然而,我们还需要调节这些可能性和现实。研究表明由使用者直接支付的精神健康服务比例低于其他群体,其中的一些问题在于专业人员组织服务的工作负荷,社会工作者也在其中(Ray et al, 2008)。

小结

精神疾病影响着人们从儿童到成年的整个过程。很多精神健康问题不仅单纯是生理原因(如遗传或生物)造成的疾病,而且部分源于社会环境,如贫困、窘迫的居住环境和社会隔离。

社会工作运用通用模式回应精神疾病问题,并将社会工作者的角色定位于使用跨学科、跨专业方法,与受精神健康问题困扰的人们一起努力的工作当中。

推荐阅读

详细并权威介绍、描绘了年轻的精神残障照顾者的现实体验:
Aldridge, J. and Becker, S. (2003) *Children caring for parents with mental illness: Perspectives of young cares*, parents and professionals, Bristol: The Policy Press。

关于精神健康政策、模式和实务的讨论:Glasby, J. and Lester, H. (2006) *Mental health: Policy and practice*, Basingstoke: Palgrave。

一本基础的,介绍与精神健康社会工作相关的法律和专业知识的资讯手册:Golightley, M. (2008) *Social work and mental health* (3rd edn), Exter: Learning Matters。

Ryan, T. and Pritchard, J. (eds) (2004) *Good practice in adult metal health*, London: Jessica Kingsley Publishers.

网络资源

来自一家精神健康领域的知名慈善组织"思想"(Mind)的关于精神健康的资讯和运动:www.mind.org.uk。

精神健康基金会:致力于提升精神残障和学习障碍者生活质量的基金会:www.mentalhealth.org.uk。

第十章　团体和社区社会工作

简　介

　　社会工作者从事的是人的工作,如个人和家庭。本章重点讨论团体社会工作和社区社会工作。这些工作方法对所有不同类型的案主都有影响,因为它们代表了不同的助人方式,也就是说社会工作除了回应个人需求之外,也还有回应群体需求的一面。社区工作也必然需要与群体一起工作,比如社区中的组织或社区团体。这个简单的说明构成了本章团体工作和社区工作两个主题之间的基本联系。

团体社会工作

　　团体工作为社会工作实践者提供了实务的新维度,也提供了一个与他人分享问题和困境的机会。团体社会工作可以同时为实务工作者和团体成员增能。有的团体是由实务工作者发起的,有些则是服务使用者和照顾者组织起来的。斯坦顿(Stanton,1990,p.122)研究了包括咨询中心、法律中心、妇女避难所等社会服务机构在内的各种组织,指出在这种情况下,实务工作者需要有能力去挑战机构服务的现有状态,自信而果断地支持服务使用者通过服务实现增能。

例如,倡导自身的权益(即"自我倡导")。

对实务工作者和案主而言,团体都是一个可以摆脱独自解决问题的局限和孤立的一种方法。团体社会工作意味着案主可以通过分享经历,相互学习解决问题的新办法等方式实现增能。在团体过程中,实务工作者和案主之间的关系会更民主,因为此时案主的数量多于专业人员。

意识提升和意识觉醒

团体体验的结果也同时与本章第二部分讨论的社区工作有关,即个人及社会地位自我意识的提高,这一过程通常被称作意识提升(consciousness raising),无论这一过程是让人们恍然大悟还是意识逐渐明晰,其结果都是引人注目的。虽然社会活动家保罗·弗莱雷(Paulo Freire)的书创作于20世纪70年代早期,距我第一次读的时候已经过去30年了,我仍然觉得这个过程十分激动人心。弗莱雷(1986(1972), p.15)在他1972年出版的著作《被压迫者教育学》(*Pedagogy of the oppressed*)中使用了意识觉醒一词去指代"学习觉察社会、政治和经济环境,采取行动反对社会现实中的压迫"。因此,这一概念强调了将个人处境与更广阔的现实世界连接起来的过程。弗莱雷致力于与穷人一起工作,提升他们挑战自身依赖和无力的意识和信心,潜在地改变其在经济、文化、知识和情绪方面受到的压迫。弗莱雷称这个过程是实现人权的过程和教育过程,是帮助人们深化对自我生活状况的历史觉悟,因此需要掌握干预和改变他们生活的技能(Freire,1986,pp.80-1)。他还解释了服务使用者如何参与到其对社会变迁贡献的自我认知提升过程中。在这个情境之外很难意识到这一点,弗莱雷的讨论最基本的是指出服务使用者的需求满足过程应该是自我控制的,而不是依赖的,或由他人控制的。如果注重自我控制没有实现,那么压迫者就仍然会实现部分的控制,导致服务使用者产生需要权力去改变自身状态的念头。在团体工作中,服务使用者有可能会被误导,"试图建立科层制体系,这会侵蚀革命的基础……他们还可能被鼓动认为革命是为了占领,而不是通向解放的道路"(Freire,1986,pp.97-8)。弗莱雷所说的革命,我们更愿意称之为是转变。这种观点并没有过时,而是与当今英国健康政策、社会政策和其他公共服务政策中的理念一致,政府也正以此方式实现服务使用者的转变。

背景

有些评论员(如 Ward,2009,p.115)对团体社会工作的减少持悲观态度,另一些评论员则是积极乐观的。与青少年工作者、志愿者组织工作者一起工作的社会工作者,仍然在实务中常使用团体工作方法为特殊的儿童、青少年和成年人提供服务,比如家庭小组、同样处在困境中的人们组成的小组。

团体工作的界定

团队是指三个或以上的相互影响并能相互或与其他人一起分享经验的人。团体工作是运用各种与团体一起工作或在团体内工作以实现改变的方法的统称。家庭就是一个团体,社会工作者与所有家庭成员或者一些亲属一起工作一段时间可以称之为家庭小组工作。同样，在一些团体照顾机构，如日间中心或公寓中，社会工作者也会与其中的小组一起工作。再比如，社会工作者还会扮演治疗师的角色，以小组的方式为非法药物携带者、被虐者提供治疗，比如艺术治疗、戏剧治疗和音乐治疗。最终，社会工作者还会在受精神健康问题困扰的人们等群体中发起小组，协助他们建立和管理自助性组织。这类组织通常被称为自助组织或服务使用者组织。通过这种方式，非正规照顾者（即免费的，与机构雇佣的、服务使用者直接支付的服务提供者相对的）被组织起来，如今已经出现了很多照顾者团体。

根据特蕾西和戈索（Tracy and Gussow，1976，p.382）的研究，自助组织主要从事五种活动：治疗活动、社会活动、教育活动、研究活动及社区活动。自助组织和专业社会工作者的关系主要有三种（Adams，2008b，pp.119-20）：一体关系、发动关系和自治关系。一体性的自助（integral self-help）第一眼看上去在概念上是自相矛盾的，它是指在专业服务中由案主或服务使用者自我运作的部分，这部分是独立的和自助的；发动性的自助（facilitated self-help）是指社会工作通过特定的工作推动一个团体的建立，例如组织一些会议并且时常参加会议进行推动，介绍组织活动如何实现具体问题的解决；自治性的自助（autonomous self-help）指自助组织完全独立于专业人员，自我控制、自我运作。

团体工作方法

许多不同的方法会跟团体工作关联在一起，当在网络上搜索这一概念时，会出现很多不同的用法，初学者往往会感到很困惑。

团体可以主要归结为三种:问题取向团体(problem-focused groups)包含了各种形式的治疗、他助和自助。自助团体是至关重要的,大量的自助团体与专业人士主导的团体共存。发展性团体是教育和个人发展团体,比如个人成长和成人教育。意识提升团体(consciousness-raising groups)通常关注增强意识,提升人们对特定主题和问题的认知和理解,甚至包括带领人们开展一些社会运动。

207 团体工作实务

社会工作专业课程中通常都包含团体工作模块,是学生可以从事的专业方向之一。获得社会工作者资格后,有些社会工作者专门在团体工作方法适合的领域工作,比如性犯罪者、药物和酒精滥用者、精神疾患等。

团体发展阶段

团体工作方法通常要考虑多方面内容,关于组织发展自然趋势的知识基础,了解组织发展周期的各个阶段。很多学者以不同方式对此进行了介绍:

- 形成期:建立团体;
- 调整期:参与组员互动过程,梳理组员间的权力关系;
- 规范期:建立团体规则和工作流程;
- 执行期:实现团体任务;
- 终止期:团体结束阶段,也许这个阶段成员会反思进展,继续前进。

有些团体是由社工促成的,而不是他们自我运作的。成员自我运作的团体是以服务使用者和照顾者为主导的。自助组织就属于这一类别,是由有共同需要或共同经历的人们建立起来的以共同应对问题为目标的团体。

团体运作

讨论如何计划、建立和持续一个小组的书有很多(Whitaker, 1985; Preston-Shoot, 1987; Douglas, 1993),每本书都侧重不同的方面。团体过程中要面对一些不可避免的实务问题,比如决定主题、招募足够的组员、找到活动场地,确保充足的资源推进团体活动(活动场地租金、基本的冷热饮等)。此外还包括确保团体的充分带领,比如妥善处理组员间的冲突,冲突可以在团体过程中得到解决。结束团体和启动同样有难度,有两个策略去处理其中的问题,一是将团体设计成为开放式团体,成员可以在团体过程中加入或退出;二是明确团体的时间,比如团体整体持续 12 周,每周 2 个小时,每次中间会有休息时间,这样团体成员就会明确知道团体的持续时间,保持持续参与。

社区工作

社区工作的界定

社区工作的范畴十分广泛,因而很难界定。一方面它可以单指地方政府在社区中提供的服务,另一方面,也可以指社会工作者促成的、社区居民领导和控制的社区发展。社区发展(community development)是各种社区为本的实务的统称,与社区联络(community liaison)、社区合作十分不同。联络与合作类似于伙伴关系,强调一起工作,而社区发展则侧重于努力改变。各类社区工作在本质上的一个共有问题是政治性的多少,与提供各种资源满足人们需求直接相关。斯特普尼(Stepney)和波普尔(Popple)(2008,p.115)认为社区工作的目标在于服务使用者的社会网络而不是服务使用者本身。这一社会网络包括了管理和传递社会服务的组织。

对于社会工作者是否可以成为社区工作者、从事社区工作是有争论的。无论我们自己持什么样的观点,所有的社会工作都是发生在社区中的,但相对于儿童保护或者残障,社区工作在社会工作的教材中受到的关注更少。

特威尔翠丝(Twelvetrees,2008)讨论了社区工作的不同类型,从与邻里组织一起工作,与非政府组织中的志愿机构一起工作,到进入社区,参与社区关系重建。

社区工作的背景

20世纪60—70年代,社区工作发展成为一个专门领域,一些地方政府和志愿机构聘用社区工作者开展专门的社区工作,他们经常依据一种特殊的邻里关系保证当地社区居民能一起协作,参与和发展围绕以社区居民关注的问题为主题的社区运动。在60年代后期,英国政府启动了旨在推动社会倡导和福利权利的发展计划,超过一半的地方政府参与其中。

在随后的几十年中,无论是地方政府推动的社区运动,还是社区志愿机构开展的社区运动都有所减退。专业的社区工作者不得不面对身份困扰的难题:作为政府雇员(地方政府雇用的工作人员)和为社区居民负责、维护居民利益的工作者之间的张力。出于维护居民权益,社区工作者可能需要对某些问题发起社区运动,

"反对"地方政府。因此,社区工作作为社区活动,越来越多地成了社区联络、社区重建、社区照顾和社区为本等更广泛内容的一部分。就某种意义而言,这种含义扩展混淆并冲淡了社区发展的含义,现在社区工作者对社区工作的理解普遍变成了在社区中的实务,而不是组织社区居民行动,开展革新的、自主的运动。

从20世纪90年代至今,政府以社区重建、地区发展的名义出台了大量的社会政策促进社区发展。

特威尔翠丝(Twelvetrees, 2008, pp.200-207)在研究中比较了这种政策推动的社区发展与地方草根推动的社区发展,后者就是所谓的自下而上的方法。

社区工作方法

社区工作方法不是单一的,而是多种模式的,可以根据不同的发展层次分为不同的种类。我们可以从实务工作者的优势,社区工作为社区居民增能和调动资源的状况,社区区民的优势视角等角度检视社区工作。例如,赛格特和温克尔(Saegert and Winkel, 1996)对住房合作社的研究表明,在增能的实践中,人们可以在四个层面获得收益:个人层面、团体层面、居住的生活质量层面(我们称之为组织层面)和社区层面。社区层面的收益是指人们参与社区活动的程度增加。特威尔翠丝(Twelvetrees, 2008, pp.3-7)提出了社区工作的不同维度:

- 邻里或社区发展与社区计划(社会工作者促进社区居民实现其集体目标,而不是地方专业人员主导);
- 社区自助与当地居民团体组织的,而非地方政府组织的，午餐俱乐部等服务；

● 综合社区工作与专门社区工作，取决于工作是否有某一单一人群组织（如女性救助会，Women's Aid）中的单一社工实施；

● 过程小组与结果小组，取决于更看重人们的体验质量还是结果；

● 促进与组织，取决于是给予工作建议还是直接领导；

● 作为工作者主要工作的社区工作与任何社区成员可以使用的工作方法的社区工作；

● 付费社区工作与免费社区工作，区别在于受薪的社会工作者来自志愿者还是社区活动积极分子。

211　社区工作实务

有效的社区工作必须在开始前对社区活动的目标有清晰的认知。此外，保证必要的资源投入也同样重要，比如经费、场地，具有必备能力的、合适的人员。假设这些方面的准备都是令人满意的，同时我们认可每个社区实务都是独特的，有各自特点，那么我们可以总结出一些通用的社区工作阶段：

（1）主题聚焦：梳理并确定社区实务的具体领域；

（2）与社区居民会面：与社区居民一起讨论他们的经验和愿望；

（3）分享协商：明确任务清单及其优先顺序；

（4）形成大家认可的工作计划：形成一个居民成员

共同认可的工作计划;

(5) 形成社区工作方案或行动方案:要确保资源的实用性,实务的聚焦点与需求相一致;

(6) 信息收集:与居民分享收集必要信息的工作;

(7) 信息分析:与居民一起对收集的信息进行解释;

(8) 活动执行:执行工作方案;

(9) 活动评估:与居民一起客观总结工作成绩及不足。

从这一点来看,社区居民开展的社区活动必然需要进一步的行动。这将意味着进一步的一系列活动,从第4阶段到第9阶段循环。

这是对社区工作复杂过程的简要介绍,但却有助于我们理解社区居民共同开展的社区实务的独特本质。

网络化

网络化这一概念经常在各种介绍社区工作的书籍中被提及。网络是指人们因为地域、友谊、血缘、共同的职业或休闲爱好等原因而连接在一起的关系状况。服务于儿童和成年人的实务工作者都应该认识到特定网络对困境中的人们的潜在帮助功能。例如,一个孤立无援的单身准妈妈可以从社区里准妈妈小组中获得支持。

案例

布伦达是一名单身妈妈,在她怀孕三个月时,第一个孩子7个月大,正处于长牙期,她明显感到了困扰,因此想去当地的儿童中心寻求帮助。社会工作者、儿童和家庭支持工作者以及社区照顾者一起组织了多个妈妈小组,覆盖了一直从孕期的准妈妈到学前年龄段儿童的妈妈。这些小组往往是小型而独立的,因此每个小组都是完整过程的运作,而不是可以随时出入的大团体。

布伦达起初是犹豫的,但被说服参加了一次小组聚会后,她发现小组是非常宝贵的,她成了一个固定的小组成员。在这个过程中,她使用小组和中心的资源,来满足她个人及其成长中的家庭的需要。

小组是一种资源,最初父母可以在社区中获得需要但缺乏的信息,满足她们自身及其年幼孩子的需求。经过一段时间,小组成员会参与自治区域中的政策和组织管理。她们提供的信息会被纳入当地儿童服务发展计划,并通过社区服务实现。

社区概览

社区概览(community profile)是一种很受重视的整合社区信息的方法,它以参与式方法(指专业人员在平等基础上与社区成员一起工作,而不是专业人员为社区成员工作)作为行动的基础。了解社区概览的过程需要小组成员开会准备并开展收集信息、分析和形成总结报告等工作。

社区能力建设

社区能力建设是"社区发展其现存知识、技能和经验,以满足社区需要,由社区居民依据必要性决定需求满足的优先顺序"(Adams, 2008b, p. 161)。社区能力建设包括了社区技术方面的发展,但又不同于社区发展鼓励人们使用社区内的技术,社区能力建设则经常引入社区外经验,例如提供特别的倡议。

小结

社会工作的独特优势就在于它处在各种与人一起工作的专业之间的天然位置,它从法律、社会政策、心理学和社会学等学科中获取知识和理解。社会工作者有能力把不同范围的人们的生活联系起来,发展不同的策略去理解人们的问题,并用不同的方法与人们一起工作。综上所述,社会工作者的工作是在很多跨机构合作,与各类专业人员(比如教育、健康和社会服务等)一起努力中推进的。

推荐阅读

书中有参考价值的两章(第6和第8章),一是通过团体活动增能,二是关于社区工作增能:Adams, R. (2008) *Empowerment and participation in social work*, Basingstoke: Palgrave。

一本令人兴奋的、开创性的,关于提升人们意识的书籍:Freire, P. (1986(1972)) *Pedagogy of the oppressed*, Harmondsworth: Penguin。

一本令人激动的、有挑战性的关于社区工作的书籍:Ledwith, M. (2005) *Community development: A critical approach*, Bristol: The Policy Press。

可以信赖的、关于社区工作的基础性书籍:Twel vetrees, A. (2008) *Community work* (4th edn), Basingstoke: Palgrave。

小组工作方面的优秀书籍:Whitaker, D. S. (1985) *Using groups*

to help people, London:Tavistock/Routledge。

网络资源

促进儿童青少年参与:www.hbr.nya.org.uk/HearbyRight。

优化我们的生活:全国社会服务使用者网络,一个倡导服务使用者参与的独立组织:www.shapingourlives.org.uk。

INVOLVE 机构的促进健康和社会照顾方面公众参与的资讯:www.involve.org.uk/userempowerment。

后 记

本书尝试去说明社会工作者对社会有着重要的贡献。社会工作特别工作小组(Social Work Task Force, 2009b)改革报告提出了通过提升社会工作者服务标准,提高其专业地位,完善服务监管和传递等方式,增加服务使用者及其照顾者的收益。

社会工作处在社会变迁和社会服务变化的尖端。社会工作者的角色不仅在于回应这些变化,也在于促进变化产生。学生和实务者都会发现社会工作处于社会服务变化的第一线,是确保人们获得更加个别化服务的重要组成部分。这需要社会工作者做到不同服务之间的连接更有效,如社区、刑事司法、教育、健康、住房、休闲和社会服务等。同时这也取决于人们基于自身需要,参与到设计、制定和管理更多的关于自身的社会服务中去。

社会工作的发展在英国有悠久的历史,根源是19世纪中期的慈善个人救助,而其本质的互助和自助传统则更为悠久。然而,在很多情况下,社会工作专业的优势体现在以回应现代社会人们需要为目标的反复实践的能力。从这个意义上讲,社会工作还是一个新的职业。

社会工作者是公共服务相关专业中的独特一环,不仅协助人们解决自身问题，也改善人们与他人的关系，增强家庭内及家庭间的支持，创建更为融合的邻里和社区环境。社会工作是一个多面向的工作，可以在人们生活的各个方面有所促进。

社会工作实务必然是批判的，社会工作者也需要具有质疑精神、决断力和勇气。因为社会工作关注社会科学，尤其是社会学和社会政策中的双重现实，它不可避免地将人们所处的环境和问题联系在一起，比如贫困以及其他社会不平等和不公正，也会关注儿童虐待、儿童暴力和家庭暴力。社会工作者不能回避社会不公正的挑战，忽视社会及其社会政策的改变，要倡导和探索个人和专业人士在这些社会后果中的责任。同时，社会工作研究要解释这些问题，而不是提供治标不治本的解决办法。因此，社会工作者的角色是给予社会问题批判性的看法，而不是幻想的解决办法，这是一个充满挑战的角色。

社会工作是永无止境的过程。因为社会工作必然要面临改变，去面对更为广泛的社会变化及其公共服务的变化。新的社会实践者进入社会工作领域必然带来新的知识、新的理念和新的实务领域，同时也带来更多的热情。这些都是重塑社会工作必不可少的要素。

社会工作者始终致力于提升自身的实务能力。成为社会工作者的过程永无止境。从这个意义上讲，获得社会工作者资格意味着实践者获得了不断实践个人发展和专业发展的机会。

本书的目的就在于为新入门者展示和分享上述的过程。本书描绘的是我面临的职业情境，也将是你面临的职业前景：刺激的、创造性的、充满挑战的，应对人们在充满变化和不确定性的现代世界面对的复杂问题。

参考文献

Acheson, D. (1998) *Independent Inquiry into Inequalities in Health*, London: The Stationery Office.
Adams, R. (1990) *Self-help, social work and empowerment*, London: Macmillan.
Adams, R. (1991) *Protests by pupils: Empowerment, schooling and the state*, Brighton, Falmer.
Adams, R. (1992) *Prison riots in Britain and the US*, Basingstoke, Macmillan.
Adams, R. (1998) *The abuses of punishment*, Basingstoke, Macmillan.
Adams, R. (ed) (2007) *Foundations of health and social care*, Basingstoke: Palgrave.
Adams, R. (2008a) "Basic needs", *International Encyclopedia of the Social Sciences*, William A. Darity, Jr (ed) vol 5 (2nd edn), Detroit, Ml: USA Macmillan Reference, pp 455-6.
Adams, R. (2008b) *Empowerment, participation and social work*, Basingstoke: Palgrave Macmillan.
Adams, R. (2002) *Social policy for social work*, Basingstoke, Palgrave.
Adams, R. (2010) *Foundations of complementary therapies and alternative medicine*, Basingstoke, Palgrave.
Adams, R. and Sawdon, D. (1979) "In and out of work", *Actions*, January, pp 10-13.

Adams, R. , Dominelli, L. and Payne, M. (eds) (2009a) *Social work: Themes, issues and critical debates* (3rd edn), Basingstoke: Palgrave Macmillan.

Adams, R. , Dominelli, L. and Payne, M. (eds) (2009b) *Critical practice in social work* (2nd edn), Basingstoke: Palgrave Macmillan.

Adams, R. , Dominelli, L. and Payne, M. (eds) (2009c) *Practising social work in a complex world* (2nd edn), Basingstoke: Palgrave Macmillan.

Adams, R. , Allard, S. , Baldwin, J. and Thomas, J. (1981) *A measure of diversion? Case studies in intermediate treatment*, Leicester, National Youth Bureau.

Agnew, E. (2004) *From charity to social work: Mary E. Richmond and the creation of an American profession*, Chicago, II: University of Illinois.

Aldridge, J. (2002) *Children caring for parents with severe and enduring mental illness*, Loughborough: Loughborough University.

Aldridge, J. and Becker, S. (2003) *Children caring for parents with mental illness: Perspectives of young carers, parents and professionals*, BristohThe Policy Press.

Allen, C. (2007) *Crime, drugs and social theory: A phenomenological approach*, Aldershot: Ashgate.

Arksey, H. , Hepworth, D. and Qureshi, H. (2009) *Carers' needs and the Carers' Act: An evaluation of the process and outcome of assessment*, York: SPRU.

Banks, S. (2006) *Ethics and values in social work* (3rd edn) , Basingstoke: Palgrave.

Barnes, C. , Mercer, G. and Shakespeare, T. (1999) *Exploring disability: A sociological introduction*, Cambridge: Polity Press.

BASW (British Association of Social Workers) (2002) *The code of ethics for social workers*, Birmingham: BASW.

Bazalgette. J. (1971) *Freedom, authority and the young adult*, London: Pitman.

Belsky, J. , Barnes, J. and Melhuish, E. (eds) (2007) *The national evaluation of Sure Start: Does area-based early intervention work?*, BristohThe Policy Press.

Biestek, F. P. (1961) *The casework relationship*, London: Allen & Unwin.

Black, D. (1980) *Inequalities in health*, London: Department of Health and Social Services.

Bradshaw, J. (1972) *A taxonomy of social need*, New Society, March, pp 640-3.

Bradshaw, J., Mayhew, E., Dex, S., Joshi, H. and Ward, K. (2005) "Socioeconomic origins of parents and child poverty", in S. Dex and H. Joshi (eds) *Children of the 21st century*, BristohThe Policy Press, pp 71-107.

Brandon, D. (1995) *Advocacy: Power to people with disabilities*, Birmingham: Venture Press.

Brandon, D. and Jordan, B. (ed) (1979) *Creative social work*, Oxford: Blackwell.

Braye, S. and Preston-Shoot, M. (2009) "Social work and the law", in R. Adams, L. Dominelli and M. Payne (eds) *Social work: Themes, issues and critical debates* (3rd edn), Basingstoke: Palgrave Macmillan, pp 90-102.

Brayne, H. and Carr, H. (2008) *Law for social workers* (10th edn), Oxford: Oxford University Press.

Buckner, L. and Yeandle, S. (2007) *Valuing carers: Calculating the value of unpaid care*, London: Carers UK.

Butler, I. and Drakeford, M. (2006) *Scandal, social policy and social welfare* (2nd edn), Bristol:The Policy Press.

Campbell, C. (2002a) "Conceptualisations and definitions of inclusive schooling", in C. Campbell (ed) *Developing inclusive schooling: Perspectives, policies and practices*, London: Institute of Education, pp 11-34.

Caplan, G. (1961) *A community approach to mental health*, London: Tavistock.

Caplan, G. (1964) *Principles of preventive psychiatry*, New York, NY: Basic Books.

Carr, S. (2008) *Personalisation: A rough guide*, London: Social Care Institute for Excellence.

Cleaver, H., Nicholson, D., Tarr, S. and Cleaver, D. (2007) *Child protection, domestic violence and parental substance misuse: Family experiences and* effective practice, London: Jessica Kingsley Publishers.

Clegg, A. and Megson, B. (1968) *Children in distress*, Harmondsworth: Penguin.

Clement, T. and Bigby, C. (2010) *Group homes for people with intellectual disabilities: Encouraging inclusion and participation*, London: Jessica Kingsley Publishers.

Cooper, D. (2000) *The death of the family*, New York, NY: Random House.

Coulshed, V. and Orme, J. (2006) *Social work practice: An introduction*, Basingstoke: Palgrave.

CPS(Crown Prosecution Service) (2009) *CPS violence against women crime report 2007-2008*(www. cps. gov. uk/publications/equality/vaw/index. html).

Cree. V. (2003) *Becoming a social worker*, London: Routledge.

CSCI(Commission for Social Care Inspection) (2007) *Risks and restraints: An exploration into the use of restraint in the care of older people*, London: CSCI.

Cunningham, J. and Cunningham, S. (2008) *Sociology and social work*, Exeter: Learning Matters.

Curtis Committee(1946) *Report of the Care of Children Committee*, Presented by the Secretary of State for the Home Department by the Minister of Health and the Minister of Education by the Command of His Majesty, London: HMSO.

Davies, M. (ed) (2000) *The Blackwell encyclopaedia of social work*, Oxford: Blackwell Publishers.

Davies, M. (ed) (2002) *The Blackwell companion to social work* (2nd edn), Oxford: Wiley-Blackwell.

DCSF(Department for Children, Schools and Families) (2008) *The Children's Plan: Building brighter futures*, London:The Stationery Office.

DCSF(2009) *Young runaways action plan*, London:The Stationery Office.

DfES(Department for Education and Skills) (2003) *Every Child Matters*, Green Paper, Cm 5860, London:The Stationery Office.

DfES and DH (2004) *National Service Framework for children, young people and maternity services*, London:The Stationery Office.

DCSF and DH(2009) *Building a Safe, Confident Future: The Final Report of the Social Work Taskforce*, London, DCSF.

DH (Department of Health) (1998) *Modernising social services, Promoting independence, improving protection, raising standards*, Cm 4169, London: The Stationery Office.

DH(1999a) *National Service Framework for mental health*, London: DH.

DH(1999b) *Effective care co-ordination in mental health services-Modernising the care programme approach*, London: DH.

DH(1999c) *National Service Framework for mental health: Modern standards and service models*, London: DH.

DH(1999d) *Working together to safeguard children: A guide to inter-agency working to safeguard and promote the welfare of children*, London: The Stationery Office.

DH(2000) *Framework for the Assessment of Children in Need and their Families*, London: The Stationery Office.

DH(2001 a) *Valuing People: A new strategy for learning disability in the twenty-first century*, Cm 5086, London: The Stationery Office.

DH(2001b) *National Service Framework for older people*, London: DH.

DH(2001c) *Single assessment framework*, London: DH.

DH(2002) *Women's mental health: Into the mainstream*, London: DH.

DH(2003) *Fair access to care services: Guidance on eligibility criteria for adult social care*, London: DH.

DH(2004a) *The ten essential shared capabilities: A framework for the whole of the mental health workforce*, London: DH.

DH(2004b) *A guide to receiving direct payments from your local council: A route to independent living*, London: DH.

DH(2005a) *Independence, well-being and choice: Our vision for the future of social care for adults in England*, Green Paper, London: DH.

DH(2005b) *Inpatients formally detained in hospitals under the Mental Health Act*

1983 *and other legislation*, *NHS trusts*, *care trusts and primary care trusts and independent hospitals*: *2003-04*, London: DH.

DH (2005c) *New Ways of Working for psychiatry*, London: DH (www. newwaysofworking. org. uk).

DH (2006) *Our health, our care, our say*: *A new direction for community services*, Cm 6737, London: The Stationery Office.

DH (2007) *New Ways ofWorking for all*, London: DH (www. newwaysofworking. org. uk).

DH (2008a) *National end-of-life care strategy*: *Promoting high quality care for all adults at the end of life*, London: The Stationery Office.

DH (2008b) *Carers at the heart of 21st century families and communities*: *A caring system on your side*, *a life of your own*, London: DH.

DH (2009a) *Living well with dementia*: *A national dementia strategy*, London: DH.

DH (2009b) *Common assessment framework for adults*: *A consultation on proposals to improve information sharing around multi-disciplinary assessment and care plans*, London: DH.

DH and DETR (Department of the Environment, Transport and the Regions) (1999) *Better care, higher standards. A charter for long-term care*, London: The Stationery Office.

DH and Home Office (2000) *No secrets*: *Guidance on developing and implementing multi-agency policies and procedures to protect vulnerable adults from abuse*, London: The Stationery Office.

DHSSPS (Department of Health, Social Services and Public Safety) (2006) *The quality standards for health and social care*, Belfast: DHSSPS.

Doel, M. and Marsh, P. (1992) *Task-entred social work*, Aldershot: Ashgate.

Dominelli, L. (2004) *Social work*: *Theory and practice for a changing profession*, Cambridge: Polity Press.

Douglas, A. (2007) *Partnership working*, Abingdon, Oxon., Routledge.

Douglas, T. (1993) *A theory of groupwork practice*, Basingstoke: Macmillan.

Dryden. W. and Feltham, C. (1992) *Brief counselling: A practical guide for beginning practitioners*, Buckingham: Open University Press.

Duncombe. J. and Marsden, D. (1995) "Women's 'triple shift': paid employment, domestic labour and 'emotion work'", *Sociology Review*, vol 4, no 4, April, pp 221-42.

Dustin, D. (2007) *The McDonaldization of social work*, Aldershot: Ashgate.

DWP(Department for Work and Pensions) (2004) *Delivering equality for disabled people*, Cm 6255, London: The Stationery Office.

Eborall, C. (2005) *The state of the social care workforce, 2004*, Skills Research and Intelligence 2nd Annual Report, April, Leeds: Skills for Care.

England, H. (1986) *Social work as art Making sense for good practice*, London: Allen & Unwin.

Evans, C. and Carmichael, A. (2002) *A user-ontrolled best value review of direct payments*, York: Joseph Rowntree Foundation.

Fimister, G. (1986) *Welfare rights in social work*, Basingstoke: BASW/Macmillan Education.

Fletcher-Campbell, F. and Archer, T. (2003) *Achievement at Key Stage 4 of young people in public care*, Slough: National Foundation for Educational Research.

Fook, J. and Gardner, F. (2007) *Practising critical reflection: A resource handbook*, Maidenhead: Open University Press.

Freire, P. (1986 [1972]) *Pedagogy of the oppressed*, Harmondsworth: Penguin.

Glasby. J. (2007) *Understanding health and social care*, Bristok The Policy Press.

Glasby. J. and Dickinson, H. (2008) *Partnership working in health and social care*, Bristol: The Policy Press.

Glasby, J. and Lester, H. (2006) *Mental health: Policy and practice*, Basingstoke: Palgrave.

Goffman, E. (1968a) *Asylums: Essays on the social situation of mental patients and other inmates*, Harmondsworth: Penguin.

Goffman, E. (1968b) *Stigma: Notes on the management of spoiled identity*, Harmondsworth: Penguin.

Golan, N. (1978) *Treatment in crisis situations*, New York, NY: Free Press.

Golightley, M. (2008) *Social work and mental health* (3rd edn), Exeter: Learning Matters.

GSCC (General Social Care Council) (2002a) *Code of practice for social care workers*, London: GSCC.

GSCC (2002b) *Code of practice for employers of social care workers*, London: GSCC.

GSCC, CSCI (Commission for Social Care Inspection), SCIE (Social Care Institute for Excellence) and CWDC (Children's Workforce Development Council) (2008) *Social work at its best: the roles and tasks of social workers*, London: GSCC.

HM Government (2006) *Working together to safeguard children: A guide to inter-agency working to safeguard and promote the welfare of children*, London: The Stationery Office.

HM Government (2007) *Putting people first: A shared vision and commitment to the transformation of adult social care*, London: The Stationery Office.

HMSO (1969) *Report of the Committee of Inquiry into Allegations of Ill-treatment of Patients and other Irregularities at Ely Hospital*, Cardiff, Cmnd 3975, London: HMSO.

HMSO (1971) *Report of the Farleigh Hospital Committee of Inquiry*, Cmnd 4557, London: HMSO.

HMSO (1972) *Report of the Committee of Inquiry into Whittingham Hospital*, Cmnd 4861, London: HMSO.

HMSO (1978) *Report of the Committee into Normansfield Hospital*, Cmnd 7397, London: HMSO.

Hochschild, A. R. (1983) *The managed heart: Commercialisation of human feeling*, Berkeley, CA: University of California Press.

Horner, N. (2009) *What is social work: Contexts and perspectives* (3rd edn),

Exeter: Learning Matters.

Hunter, M. (2009) "We're sharing values now", *Community Care*, issue 1775, 18 June, pp 26-7.

IFSW (International Federation of Social Work) (2000) *Definition of social Work*, www. ifsw. org/p38000208. html.

Institute of Community Cohesion (2008) *Understanding and appreciating Muslim cohesion: Towards better engagement and participation*, Coventry: Coventry University.

James, A. and James, A. (2004) *Constructing childhood: Theory, policy and social practice*, Basingstoke: Palgrave.

James, N. (1989) "Emotional labour: skill and work in the regulation of feelings", *Sociological Review*, vol 37, pp 15-42.

Jones, K. (1972) *A history of the mental health services*, London: Routledge and Kegan Paul.

Kapoor, S. (2000) *Violence against women and girls*, Innocenti Digest no 6, June, Florence: UNICEF Innocenti Research Centre.

Kiibler-Ross, E. (1982) *Uving with death and dying*, London: Souvenir Press.

Laing, R. D. (1990) *The divided self: An existential study in sanity and madness*, Harmondsworth: Penguin.

Laming, H. (2003) *The Victoria Climbie Inquiry: Report of an Inquiry by Lord Laming*, Cm 5730, London: The Stationery Office.

Laming, H. (2009) *The protection of children in England: A progress report*, HC 330, London: The Stationery Office.

Ledwith, M. (2005) *Community development: A critical approach*, Bristol: The Policy Press.

Ledwith, M. and Springett. J. (2010) *Participatory practice: Community-based action for transformative change*, BristohThe Policy Press.

Lindenfield, G. and Adams, R. (1984) *Problem-solving through self-help groups*, llkley: Self-Help Associates.

Lishman. J. (2007) *Handbook for practice learning in social work and social care* (2nd edn), London: Jessica Kingsley Publishers.

Lubovsky. V. I. (1974) "Defectology: the science of handicapped children", *International Review of Education*, vol 20, no 3, September, pp 298-305.

Lymbery, M. (2007) *Social work with older people. Context, policy and practice*, London: Sage Publications.

McDonald, A., Postle, K. and Dawson, C. (2008) "Barriers to retaining and using professional knowledge in local authority social work practice with adults in the UK", *British Journal of Social Work*, vol 38, pp 370-87.

McLeod, A. (2007) "Whose agenda? Issues of power and relationship when listening to looked-after young people", *Child and Family Social Work*, vol 12, no 3, pp 278-86.

Magee, H., Parsons, S. and Askham, J. (2008) *Measuring dignity in care for older people:A research report for Help the Aged*, London: Help the Aged.

Maslow. A. (1943) "A theory of human motivation", *Psychological Review*, vol 50, pp 370-96.

Maslow. A. (1987 [1968]) *Towards a psychology of being*, London: Harper Collins.

Matza, D. (1969) *Becoming deviant*, Englewood Cliffs, NJ: Prentice-Hall.

Mental Health Foundation (2008) *Recovery*, London: Mental Health Foundation (www. mentalhealth. org. uk/information/mental-health-a-z/recovery/).

Mezirow, J. "Perspective transformation" *Adult Education*, 1978, 28:100-10.

Mind(2007) *Suicide factsheet*, London: Mind.

Morris, J. (1998) *Accessing human rights: Disabled children and the Children Act*, llford: Barnardo's.

O' Sullivan. T. (1999) *Decision Making in SocialWork*, Basingstoke, Palgrave.

Parrott, L., Jacobs, G. and Roberts, D. (2008) *Stress and resilience factors in parents with mental health problems and their children*, Research briefing no 23, London: Social Care Institute for Excellence.

Parton, N. (2006) *Safeguarding childhood: Early intervention and surveillance in a late modern society*, Basingstoke: Palgrave.

Payne, M. (2005a) *The origins of social work: Continuity and change*, Basingstoke: Palgrave.

Payne, M. (2005b) *Modern social work theory* (3rd edn), Basingstoke: Palgrave.

Payne, M. (2006) *What is professional social work?* (2nd edn), BristokThe Policy Press.

Payne, M. (2008) *Social care practice in context*, Basingstoke: Palgrave.

Phillips, J., Ray, M. and Marshall, M. (2006) *Social work with older people* (4th edn), Basingstoke: Palgrave.

Pike, S. and Forster, D. (1997) *Health promotion for all*, Edinburgh: Churchill Livingstone, pp 125-40.

PMSU (Prime Minister's Strategy Unit) (2007) *Building on progress: Public services, HM Government Policy Review*, London:The Stationery Office.

Preston-Shoot, M. (1987) *Effective groupwork*, Basingstoke: BASW/ Macmillan.

Ray, M., Pugh, R., Roberts, D. and Beech, B. (2008) *Mental health and social work*, Research briefing no 26, London: Social Care Institute for Excellence.

Reder, P. and Duncan, S. (2004) "From Colwell to Climbie: inquiring into fatal child abuse", in N. Stanley and J. Manthorpe (eds) *The age of the inquiry: Learning and blaming in health and social care*, London: Routledge, pp 92-115.

Reid, W. J. (1963) *An experimental study of methods used in casework treatment*, New York, NY: School of Social Work, Columbia University.

Reid, W. J. and Epstein, L. (1972) *Task-entred casework*, New York, NY: Columbia University Press.

Reid, W. J. and Shyne, A. W. (1969) *Brief and extended casework*, New York, NY: Columbia University Press.

Repper. J. and Perskins, R. (2003) *Social inclusion and recovery: A model for mental health practice*, London: Balliere Tindall.

Ritchie, J. (1994) *Report of the Inquiry into the Care and Treatment of Christopher Clunis*, London: HMSO.

Robinson, P. (2008) *Working with young homeless people*, London: Jessica Kingsley Publishers.

Ryan, P. and Morgan, S. (eds) (2004) *Assertive outreach: A strengths approach to policy and practice*, Edinburgh: Churchill Livingstone.

Ryan. T. and Pritchard. J. (eds) (2004) *Good practice in adult mental health*, London: Jessica Kingsley Publishers.

Saegert, S. and Winkel, G. (1996) "Paths to community empowerment: organising at home", *American Journal of Community Psychology*, vol 24, no 4, pp 517-50.

Sale, A. U. "Hillingdon Social Work Team eases children into UK life" *Community Care*, 22 Aug 2008 pp. 20-1.

Saleeby, D. (2002) *The strengths perspective in social work practice* (3rd edn), New York, NY: Allyn and Bacon.

Scopulus (2008) *Survey of learning disability*, London: Mencap.

Scottish Executive (2002) *Guidance on single shared assessment of community care needs*, Edinburgh: The Stationery Office.

Scottish Executive (2004) *Changing lives: Report of the 21st century social work review*, Edinburgh: Scottish Executive.

Scottish Executive (2006) *Changing lives implementation plan*, Edinburgh: Scottish Executive.

Scottish Government (2009) *The evidence base for third sector policy in Scotland: A review of selected recent publications* (www.scotland.gov.uk/Publications/2009/10/16155044/3).

Sedgwick, P (1982) *Psycho politics*, London: Pluto Press.

Seebohm Report (1968) *Report of the Committee on Local Authority and Allied Personal Social Services*, Cmnd 3703, London, HMSO.

Shakespeare, T. (2006) *Disability rights and wrongs*, London: Routledge.

Social Exclusion Task Force, (2007) *Reaching out Think family. Analysis and themes from the Families At Risk Review*, London: Cabinet Office.

Social Work Task Force(2009a) *Facing up to the task. The interim report of the SocialWork Task Force*: July 2009, London: DCSF (http://publications.dcsf.gov.uk/).

Social Work Task Force(2009b) *Building a safe, confident future: The final report of the Social Work Task Force*: November 2009, London: DCSF (http://publications.dcsf.gov.uk/).

Sontag, S. (1966) *Against interpretation and other essays*, New York: Farr, Straus and Girou.

Stanton, A. (1990) "Empowerment of staff: a prerequisite for the empowerment of users", in P. Carter, T. Jeffs and M. Smith (eds) *Social work and social welfare yearbook 2*, Buckingham: Open University Press, pp 122-33.

Stedman Jones, G. (1971) *Outcast London: A study in the relationship between classes in Victorian society*, Harmondsworth: Penguin.

Stepney, P. and Popple, K. (2008) *Social work and the community: A critical context for practice*, Basingstoke: Palgrave.

Sullivan, M. R(2008) "Social workers in community care practice: ideologies and interactions with older people", *British Journal of Social Work*, May, pp 1-20.

Sure Start Unit(2002) *Birth to three matters: A framework to support children in their earliest years*, London: Department for Education and Skills.

Szasz, T. S. (1970) *The manufacture of madness*, New York, NY: Harper and Row.

Szasz, T. S. (1990) *Insanity: The idea and its consequences*, New York, NY: Wiley.

Taylor, A. (2009) "Multiple choice", *Community Care*, 12 March, issue 1761, pp 28-9.

Terry, P. (1997) *Counselling the elderly and their carers*, Basingstoke: Macmillan.

Thompson, N. (2000) *Understanding social work: Preparing for practice*, Basingstoke: Palgrave.

Thompson, N. (2001) *Anti-discriminatory practice*, Basingstoke: Palgrave.

Thornicroft, G. and Kassam, A. (2008) *Mental Health Research Network(MHRN): Stigma and Discrimination Research Group. Six-month report*, London: Institute of Psychiatry.

Topss (Training Organisation for the Personal Social Services) UK Partnership (2004) *National Occupational Standards for social workers*, Leeds: Topss (www. skillsforcare. org. uk).

Tracy, G. S. and Gussow, Z. (1976) "Self-help groups: a grassroots response to a need for services" *Journal of Applied Behavioural Science*, 12, Part 3:381-96.

Travis, A. (2009) "Classroom drive to curb violence in relationships", *Society Guardian*, 25 November (www. guardian. co. uk/society/2009/nov/25/violence-prevention-classes).

Turner, C. (2003) *Are you listening? What disabled children and young people in Wales think about the services they use*, Cardiff: Welsh Assembly Government.

Twelvetrees, A. (2008) *Community work*(4th edn), Basingstoke: Palgrave.

UN (United Nations) (1948) *Universal Declaration of Human Rights*, Geneva: UN.

UN (1993) *UN Declaration on the Elimination of Violence Against Women*, Geneva: UN.

UN (2006) *Rights of the child: Report of the independent expert for the United Nations study on violence against children*, Geneva: UN (www. violencestudy. org/IMG/pdf/English/pdf).

WAG (Welsh Assembly Government) (2004a) *Safeguarding children. Working together under the Children Act 2004*, Cardiff: WAG.

WAG (2004b) *Children and young people: Rights to action*, Cardiff: WAG.

Walker, A., O' Brien, M., Traynore, J., Goddards, E. and Foster, K. (2002) *Living in Britain: Results from the 2001 General Household Survey*, London: Office for National Statistics.

Ward, D. (2009) "Groupwork", in R. Adams, L. Dominelli and M. Payne (eds) *Critical practice in social work*, Basingstoke: Palgrave, pp 114-24.

Whitaker, D. S. (1985) *Using groups to help people*, London: Tavistock/ Routledge.

Williams, C. (2008) "Walking the social work beat", *Community Care*, issue 1722, 15 May, pp 20-1.

Windfuhr, K., While, D., Hunt, l., Turnbull, P., Lowe, R., Burns, J., Swinson, N., Shaw, J., Appleby, L. and Kapur, N. (2008) "National confidential inquiry into suicide and homicide by people with mental illness: suicide in juveniles and adolescents in the United Kingdom", *Journal of Child Psychology and Psychiatry*, vol 49, no 11, pp 1157-67.

Wolfensberger. W. (1972) *The principle of normalisation in human services*, Toronto: National Institute on Mental Retardation.

Wolfensberger. W. (1982) "Social role valorisation: a proposed new term for the principle of normalisation", *Mental Retardation*, vol 21, no 6, pp 234-9.

附录：注册社会工作者培训课程结构

社会工作专业训练有两个层次:资格教育课程及注册后培训课程:
- 高等教育中的社会工作专业教育是初级资格教育和培训(详见第二章);
- 取得社工资格后的继续专业教育

获得职业资格意味着实务工作人员具备了足够的实务经验,可以在全国照顾委员会(GSCC)或威尔士、苏格兰和北爱尔兰的同等机构申请登记,成为一名社会照顾工作者,因此而获得使用社会工作者这一称谓的法定资格,并从事社会工作实践。

获得社会工作资格不仅意味着职业生涯的开始,同样也是持续的专业发展的起步阶段。这既是符合实务工作期待的,也是有利于专业技术发展的,因为实务要不断适应政策法规的变化和机构的期待。

社会工作特别工作小组(2009b)提出了社会工作教育的改革方案,更改了专业资格教育中的基础课程、专业课程,更加明确了社会工作者的专业角色和职业架构,优化了社会工作继续教育体系。

成为职业社会工作者的那一年是初级职业资格教育阶段的最后阶段,意味着成为一名注册的、实务社会工作者。

232 **继续专业教育**

社会工作特别工作小组(2009b)拟定的高水平持续专业发展涵盖了提升新注册社会工作者的实务经验,更新了专业知识和理念,获得了专业自信。注册后的继续教育课程是通过社会工作专业硕士课程来提供的。

社会工作者注册登记每三年进行一次。社会工作特别工作小组(2009b)建议这个过程应日益严格,其推荐的社会工作职业架构如下(图 A.1):

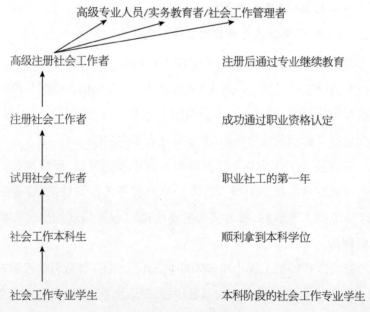

图 A.1 社会工作者职业架构

社会工作特别工作小组提出的全国社会工作者职业架构的实施,不但提高了社会工作者的职业标准,也增加了对社会工作者雇主的要求。实务工作者要想获得职业发展就必须参加专业继续教育,可以选择进修高级社工实务,或者进入实务教育领域,再或者成为社会工作管理的专业人员。社会工作特别工作小组还在儿童保护、精神健康和安全防护等领域设置了进一步的专业资格。如果今后这一整合的专业继续教育架构在相关机构、学院和大学实施,社会工作专业发展必然一片繁荣,无论社会工作者选择留在实务领域不断晋升,还是进入实务教育领域或成为社会工作管理者,也都会因此获得更高的社会地位、待遇。

登记注册机构

英国　　　　社会照顾委员会(GSCC):www.gscc.org.uk。

威尔士　　　威尔士照顾委员会:www.ccwales.org.uk。

苏格兰　　　苏格兰社会照顾委员会(SSSC):www.sssc.uk.com。

北爱尔兰　　北爱尔兰社会照顾委员会(NISCC):www.niscc.info。

英国社会工作者协会(BASW):www.basw.co.uk。

索 引

注:下文中的字母 f 和 t 分别指图和表。
所注页码为英文原书页码,即本书边码。

A

Accountabilities 责任 79—80,81
ADHD 注意力缺陷多动症 119—20
Adult care trusts 成年人照顾基金 76
Adults and health-related service 成年人和健康服务
 adult social care 成人社会照顾 126—7
 alcohol problems 酗酒问题 144
 assessment processes 评估过程 135
 care services, payment for 照顾服务,付费 127,129
 carers 照顾者 126,136—8
 community care 社区照顾 138—9
 direct payments 直接支付 126—7
 drug problems 药物滥用问题 144
 end-of-life strategy 临终关怀政策 138
 health inequalities 健康不平等 127—8
 health promotion 健康促进 128—9

  hospital-based social work 医务社会工作 141—2

  integrated services 整体性服务 15

  legal basis for practice 实务的法律基础 135,136t

  mental capacity 精神能力 142—3

  needs 需要 139,140t

  personalisation 个别化 126—7,131—2,133—6,143—4,145—6

  practice 实务 144—6

approaches to 方法 142—3

settings for 场所 141—2

  preventive health services 预防性的健康服务 129

  rights of adults 成年人权利 136t

  see also older people 参见老年人

Advocacy work 倡导工作 21—2,121,122

Ageing society 老龄化社会 150,151—2

Ageism 年龄歧视 156

Acohol problems 酗酒问题 112,113,144

Anorexia 厌食症 160

Anorexia nervosa 神经性厌食症 160—1

Anti-discriminatory approaches 反歧视方法 156

Approved mental health professionals(AMHPs) 注册精神健康治疗师 190,192—3

Approved social workers(ASWs) 注册社会工作者 190

Asylum seekers 寻求避难者 113—4

Attention-deficit hyperactivity disorder(ADHD) 注意力缺陷多动症 119—120

B

Baby Peter 婴儿皮特 66,98

Barnes, C. 巴恩斯,C. 175

Biestek, F.P. 比斯特克,F.P. 41

Bigby, C. 毕比,C. 179

biography 个人简介 52—8

Bradshaw, J. 布拉德肖,J. 13,91

Brandon, D. 布兰登,D. 21,23—4,25

brief therapy 简短治疗 19

British Association of Social Workers (BASW) 英国社会工作者协会 42

bulimia 神经性贪食症 160

Bulter, I. 巴特勒,I. 90

C

Campbell, C. 坎贝尔,C. 169

Caplan, G. 卡普兰,G. 19

care, children in 照顾儿童 110—11

care homes 照顾中心 127

Care Quality Commission(CQC) 照顾质量委员会 70

care services, payment for 照顾服务,付费 127,129

Care Standards Act (2000) 照顾标准法案(2000) 127

carers 照顾者 126,136—8,159,164—5,188—9

Carers (Recognition an Services) Act (1995) 照顾者(认证与服务)法案(1995) 159

Carers and Disabled Children Act (2000) 照顾者和残障儿童法案(2000) 159

Carers UK 英国照顾者 138

Carr, S. 卡尔,S. 131—2

change work 变革工作 18,20—1

Charity Organisation Society(COS) 慈善组织会社 6—7

child and adolescent mental health 儿童及青少年精神健康 190,194,195

Child and Adolescent Mental Health Services (CAMHS) 儿童及青少年精神健康服务 190,194

Child Protection Conference　儿童保护会议　107

child protection services, shortcomings　儿童保护服务,缺陷　67

childhood as social construction　童年的社会建构　92—3

Children Act (1989)　儿童法案(1989)　15—16,73—4,95—7,104,106

Children Act (2004)　儿童法案(2004)　67,76,95,99—100

children and families　儿童和家庭　89—91

 alcohol problems　酗酒问题　112,113

 asylum seekers　寻求避难者　113—4

children, different views of　儿童,不同的观点　92—3

children in care　被照顾的儿童　110—11

 death and bereavement, helping children to deal with　死亡和丧亲之痛,帮助儿童应对　112

 disabled children, preferences　残障儿童,偏好　110

 diversity　差异　100

 domestic violence　家庭暴力　113,115

 drug problems　药物滥用问题　112—13

 family structures　家庭结构　91—2

 health and well-being　健康和福利　112

 homelessness　无家可归　118

 integrated services　整体性服务　15

 intervention　干预　96,100,101,106,114—15

 investigatory social work　调查性社会工作　105

 legal basis for practice　实务的法律基础　95—100

 'no order' principle　"无作为"原则　107

 obesity　肥胖症　112

 parenting　抚养　115—17

 policy　政策　94—5

 poverty and social exclusion　贫困和社会排斥　115—17

 practice　实务

approaches to 方法 101—2

child-centred practice 以儿童为中心的实务 102,103f

core assessment 要点评估 107—9

implementation 实施 110—11

initial assessment 初步评估 107

integrated children's system 综合儿童服务系统 104

key stages 关键阶段 104

planning services 计划服务 109—10

settings for 场所 101—2

prevention 预防 100—1

refugees 难民 113—14

risk 风险 100—1

safeguarding children 保护儿童 98,117—18

social workers in schools 学校社会工作者 119

special needs 特殊需求 119—21

Sure Start local programmes (SSLPs) 确保开始地方项目 101—2

Children and Family Court Advisory and Support Service (CAFCASS) 儿童及家庭法院咨询服务 118

Children Leaving Care Act (2000) 儿童离家照顾法案(2000) 111

The Children's Plan (2008) 儿童规划(2008) 15

children's commissioner 儿童专员 83

children's right 儿童权利 94,121—2

children's service 儿童服务 89

children's trusts 儿童基金 76

chronic illness 慢性疾病 128

citizen advocacy 公民倡导 21

Cleaver, H. 克利弗,H. 144

Clement, T. 克莱门特,T. 179

Climbié, Victoria 克里姆比尔·维多利亚 98

code of ethical practice 实务的伦理标准 42,82

cognitive behavioural therapy 认知行为治疗 19,196

collective advocacy 集体倡导 21

Commission for Patient and Public Involvement in Health (CPPIH) 患者及公众参与委员会 126

commodification 商品化 80—1

communities, work with 社区,一起工作 208—13

    approaches to 方法 210—11

    community capacity building 社区能力建设 213

    community development 社区发展 208

    community profiling 社区概览 213

    contexts of 背景 209—10

    definition 界定 208—9

    networking 网络化 212

    practice 实务 211—13

Community Care (Direct Payments) Act (1996) 社区照顾法(直接支付)(1996) 76

community care services 社区照顾服务 130,138—9

Community Service Volunteers (CVS) 社区服务志愿者 34

complaints procedures 申诉程序 83

conscientisation 意识觉醒 204—5

consciousness raising 意识提升 204,206

counselling 咨询 19,196

courts 法庭 73—5

CRB check 犯罪记录管理局审查 32,41

Cree, V. 克里,V. 5

crisis intervention 危机干预 19

critically reflective practice 批判反思性实践 62

D

death 死亡
 and end-of-life care 临终关怀 138,141—2
 helping children deal with 帮助儿童面对 112
dementia 痴呆症 160,161—3
devolution 分权 75
dignity in care 照顾尊严 156—7
direct payments 直接支付 76—7,126—7,130—1
disability 残障 167
Disability Discrimination Act (1995) 残障歧视法案(1995) 173
Disability Discrimination Act (2006) 残障歧视法案(2006) 173
disability movement 残障运动 170
Disability Right Movement 残障权利运动 186
disabled people 残障者 167—8
discrimination 歧视 168,170,173
 group care 团体照顾 179
 inclusiveness 融合 159
 legal basis for practice 实务的法律基础 172—3
 models of disability 残障模式 174—7
 person-centred planning 以人为本的服务计划 170—1
 policy changes 政策改变 168—70
practice 实务 177—80
 approaches to 方法 174—7
 key issues 关键问题 179
 Settings for 场所 173—4
 Self-advocacy 自我倡导 177—8
disablism 残障主义 173
discretion 自由裁量 81

discrimination 歧视 84,168,170,173

diversity 差异 83,84

domestic violence 家庭暴力 113,115

Douglas, A. 道格拉斯,A. 69

Drakeford, M. 德雷克福德,M. 90

drug therapy 药物治疗 196

drugs misuse 药物滥用 112—13

Duncombe, J. 邓科姆,J. 20,21

Dustin, D. 达斯汀,D. 81

E

eating disorders 饮食失调 160—1

Eborall, C. 埃博拉尔,C. 4,10

education in social work see qualifying social work programme 可取得社工资格的社会工作课程

emotion work 情绪工作

end-of-life care 临终关怀 138,141—2,149—50

Equality Act (2006) 社会平等法案(2006) 173

ethical principles 伦理准则 42,43,82

Europe, social work 欧洲,社会工作 9

European Convention on Human Rights (ECHR)(1950) 欧洲人权宣言(1950) 75

European legislation 欧洲的立法 75

Every Child Matters Green Paper (2003) 儿童事务绿皮书(2003) 94,98

F

Fair access to care services (2003) 照顾服务平等机会(2003) 156

families see children and families 儿童与家庭

family therapy 家庭治疗 19, 196

Fimister, G. 菲米斯特, G. 22

Freire, P. 弗莱雷, P. 204—5

G

gender inequality 性别不平等 91—2

General Social Care Council (GSCC) 社会照顾委员会 41,42,217

Goffman, E. 戈夫曼, E. 184

Golan, N. 戈兰, N. 19

group work 团体工作 203—8

    approaches to 方法 206

    consciousness-raising 意识提升 204

    definition 界定 205—6

group 'life' stages 团体发展阶段 207

    practising group work 实践团体工作 207—8

    running a group 团体运作 207—8

    self-help groups 自助组织 206,207

Gussow, Z. 戈索, Z. 206

H

Health and Social Care (Community Health Standards) Act (2003) 健康和社会照顾(社区健康标准)法案(2003) 70

health and social services 健康和社会服务 125

    carers 照顾者 136—7

    community care 社区照顾 138—9

    contracting services 服务合同签订 130,131t

    end-of-life care strategy 临终关怀政策 138

    health promotion 健康促进 128—9

    modernisation 现代化 128—33

    personalisation 个别化 133—6

see also adults and health-related services 参见成年服务和健康服务
health inequalities 健康不平等 127—8
Healthcare Commission (HCC) 健康照顾委员会 70
Hochschild, A. R. 霍克希尔德, A. R. 20
home care 家庭照顾 127, 154—5
Home Life Project 居家生活计划 157
homelessness 无家可归者 118
homosexuality 同性恋 188
hospital-based social work 医务社会工作 141—2
Human Givens strategy 人类假定原则 196
Human Rights Act (1998) 人权法案 (1998) 75

I

impairment 损伤 167
independent sector 独立部门 68—9
individual budgets 个人预算 127, 143, 144, 145
inequalities 不平等 91—2, 127—8, 150—1
informal carers 非正式照顾者 136—7
informed consent 知情同意 163
inquiry reports 调查报告 89—90
intervention work 介入工作 18, 25, 26f
investigatory social work 调查性社会工作 105

J

James, N. 詹姆斯, N. 20
Jordan, B. 乔丹, B. 23—4, 25

K

Kapoor, S. 卡普尔, S. 91—2

L

Laming, Lord 兰姆,劳德 98
laws 法律 72—3
learning disability 学习障碍 168
Ledwith, M. 莱德维特,M. 51
legal basis for services 服务的法律基础 76—7,78t
legal system 法律系统 72—5
    courts 法庭 73—5
    European legislation 欧洲立法 75
    tribunals 特别法庭 74
    UK legislation 英国立法 75
legislation 立法 76—7,78t
life history work 生活史工作 19—20
Lishman, J. 里斯曼,J. 59
local authorities 地方政府 70,76—7
    adult care services 成年照顾服务 132—3,134f
    children's services 儿童服务 94—5
Local Authority Social Services Act (1970) 地方政府社会服务法案(1970) 76,153
local involvement networks (LINks) 本地参与网络 126

M

managerialism 管理主义 80—1
Marsden, D. 马斯顿,D. 20,21
Maslow, A. 马斯洛,A. 12—13,14
mental capacity 精神能力 154
Mental Capacity Act (2005) 精神能力法(2005) 142—3,154,164,188
Mental Health Act (2007) 精神健康法案(2007) 143,188,189,199,200

mental health and illness 精神健康与疾病 183—4,189
   carers 照顾者 188—9
   child and adolescent mental health 儿童和青少年精神健康 194,195
   community care 社区照顾 193—4
   historical perspective 历史视角 185
   legal basis for practice 实务的法律基础 188—90
   mental health problems 精神健康问题 184—5
   models of mental health 精神健康模式 186—8
   practice 实务 197—201
   approaches to 方法 194—7
   assertive community treatment 诊断式社区治疗 198
   assertive outreach 诊断式外展服务 198
   crisis resolution 危机处理 198
   discharge from hospital 出院 200
   holistic approach 整全方法 197
   mental hospital, admission and discharge 精神病院,入院和出院 199—200
   psychiatric intensive care 精神科重症特别护理 199
   recovery approaches 康复方法 197—8
   risk management 风险管理 200—1
   sectioning 收容 199
   service-user participation 服务使用者参与 201
   settings for 场所 193—4
   practice shortcoming 实务局限 185—6
   self-help groups 自助组织 187—8
   young carers 年轻照顾者 189
Mental Health Foundation 精神健康基金会 198
mental health work 精神健康工作
   dual diagnosis 双重诊断 192
   national standards 国家标准 189—90

New Ways of Working　工作新方法　191—2

　　post-qualifying practice　任职培训实务　192—3

　　social workers' roles　社会工作者的角色

　　see also mental health and illness　参见精神健康和疾病

mental hospital, admittance and discharge　精神康复医院,入院和出院　199—200

Mezirow, J.　梅齐罗,J.　50

Mind　思维　184,196

N

National Assistance Act (1948)　国家救助法(1948)　153,154,172

National Care Standards Commission　国家照顾标准委员会　127

National Service Framework for older people (2001)　全国老年服务框架(2001)　155,156,158

national standards　国家标准

　　for mental health work　精神健康服务　189—90

　　for older people's services　老年服务　153—4

National Survivor User Network　全国幸存者网络　187

National Treatments Agency for Substance Misuse (NTA)　全国物质滥用治疗局　113

needs　需要

　　community care, assessment of　社区照顾,需要评估　139,140t

　　definition　界定　12—13

　　holistic approaches to　整全方法　14—15

　　Maslow's pyramid of　马斯洛需要金字塔理论　14

　　and personlisation　个别化　16—17

　　relative not absolute　相对的而不是绝对的　13

　　and rights, tension between　权利,二者之间的张力　15—16

networking　网络化　20,212

索引　255

New Ways of Working 工作新方法 191—2

NHS and Community Care Act (1990) 全民健康服务和社区照顾法(1990) 76,77,130,138—9

Northern Ireland 北爱尔兰 65—6,70,71

O

obesity 肥胖症 112

Ofsted 教育标准局 70,71

older people 老年人 149—50
    care homes 养老院 157—8
    carers 照顾者 164—5
    dignity in care 照顾尊严 156—7
    home care 家庭照顾 154—5
    inequalities 不平等 150—1
    intermediate care 过渡性照顾 142,155
    legal basis for practice 实务的法律基础 152—3
    mental capacity 精神能力 154
    national standards for services 服务的国家标准 153—4
    personal care 个人照顾 156
    personalisation 个别化 155
    practice 实务
    care planning 照顾计划 159
    dementia 痴呆症 161—3
    eating disorders 饮食失调 160—1
    integrated practice 综合性实务 158
    intervention 介入 159
    key issues 关键问题 164—5
    monitoring 监管 159
    networking 网络化 159

safeguarding older people 保护老年人 160
single assessment 单项评估 158—9
transitions 过渡 163
residential care 院舍照顾 154,155
risk assessment 风险评估 158—9
social care 社会照顾 156
see also adults and health-related services 参见成年服务和健康服务
organisation of social work 社会工作组织 65—72
changes, 21st century 变迁,21世纪 66—7
partnership working 伙伴工作 67—9
quality assurance 质量担保 71
regulation of standards 规范标准 71
O'Sullivn, T. 奥沙利文,T. 61

P

palliative care 姑息治疗 141,149—50
partnership working 伙伴工作 67—9
Pedagogy of the oppressed (Freire) 被压迫者教育学(弗莱雷) 204
peer advocacy 伙伴倡导 21
people's needs see needs 人们的需要,见需要
personal care 个人照顾 156
personal statements 个人陈述 51—8
personalisation 个别化 16—17,126—7,131—2,133—6,143—4,145—6
Popple, K. 波普尔,K. 208
Princess Royal Trust for Carers 皇家公主照顾者信托机构 138
principles of social work 社会工作原则 41—2,43t
private sector 私人部门 68—9,130
professional advocacy 专家倡导 21—2
professional qualifications see qualifying social work programme 职业资格,见可

以获得职业资格的社会工作课程
professionalism 专业性 49—50
psychiatric treatment 精神疾病治疗 187
psychotherapy 心理治疗 19

Q

qualifying social work programme 可以获得职业资格的社会工作课程 32
    age of applicants 申请者年龄 33—4
    application 申请 32—4,48—9,51—2
    assessment 评估 39,40f,41f,43
    critically reflective practice 批判反思性实践 59—60,62f
    expertise 技能 58,59f
    knowledge and understanding 认知和理解 35
    learning process 学习过程 58—60,62f
    outline of 大纲 34—5
    personal statement 个人陈述 51—8
    practice education 实务教育 35—9,59
    evaluation 评估 39,40
    observed practice 观察性实习 37—9
    placement report 实习报告 37
    reflection 反思 37
    reflective diary 反思性日记 50
    research 研究 63
    standards of attainment 成果标准 41f
    supervision 督导 59,60—2

R

Recovery International 康复国际 198
reflexivity 反思性 50

refugees 难民 113—4

registration 登记 40—1,217

rights 权利

 of adults 成人 136t

 of children 儿童 94,121—2

 and needs, tension between 需要,二者之间的张力 15—16

Robinson, P. 罗宾逊,P. 118

S

Saegert, S. 赛格特,S. 210

safeguarding children 保护儿童 98,117—18

safeguarding olderpeople 保护老年人 160

Safeguarding Vulnerable Groups Act (2006) 保护弱势群体法案(2006) 160

Saleeby, D. 萨利比,D. 143

"sceptical stance" "怀疑立场" 105,121

schools, social workers in 学校社会工作者 119

Scotland 苏格兰

 direct payments 直接支付 76—7

 healthcare 健康照顾 127,129

 social work organisation 社会工作机构 65,66,67,70—1

Sedgwick, P. 赛奇威克,P. 187

self-help groups 自助组织 187—8,206,207

Shakespeare, T. 莎士比亚,T. 175—6

single assessment 单项评估 158—9

social care 社会照顾 3

Social Care Register 社会照顾登记 31—2

social care services 社会照顾服务 3—5

social exclusion 社会排斥 115—16

social inequalities 社会不平等 127—8,150—1

social security 社会保障 3

social services 社会服务 3—4

social work 社会工作 3
 definition 界定 5
 key features of 主要特征 10—11
 nature of 本质 5—6,8—9
 organisation of 机构 65—72
 changes, 21st century 变迁,21 世纪 66—7
partnership working 伙伴工作 67—9
 quality assurance 质量担保 71
 regulation of standards 规范标准 71
 origins of 起源 6—7
 principles of 原则 41—2,43t
 tensions in 张力 25,26f
 themes of 主题 8f
 values of 价值观 42,43t,45
Social Work Task Force 社会工作特别工作小组 31,67,217,218
socialworkers 社会工作者
 qualities of 品质 23—4
 roles of 角色 17—22
 advocacy work 倡导工作 21—2
 change work 变革工作 18,20—1
 counselling 咨询 19
 crisis intervention 危机干预 19
 emotion work 情绪工作 19
 intervention work 介入工作 18
 networking 网络化 20
 task-centred work 任务导向的工作 18—19
 tensions in 张力 25,26t

therapy 治疗 19—20

workforce 劳动力 10

special need, children with 儿童的特别需要 119—21

Springett, J. 斯普林格特, J. 51

Stanton, A. 斯坦顿, A. 203

statutes 法规 81—2

Stepney, P. 斯特普尼, P. 208

substance misuse 物质滥用 112—13

suicide 自杀 185, 194

Sure Start local pogrammes (SSLPs) 确保开始地方项目(SSLPs) 101—2

Survivors Speak Out 幸存者发声 187

Szasz, T. S. 萨斯 187

T

task-centred work 任务导向的工作 18—19

Terry, P. 特里, P. 19

therapy 治疗 19—20

third sector 第三部门 69—71

Tracy, G. S. 特蕾西, G. S. 206

training see qualifying social work programme 培训, 见可获得社工资格的社会工作课程

transformative learning 转化学习 50—1

tribunals 特别法庭 74, 83

Twelvetrees, A. 特威尔翠丝, A. 209, 210

U

UN Convention on the Right of Child (UNCRC) 联合国儿童权利宣言 15, 94

Universal Declaration of Human Right (UN) 世界人权宣言(联合国) 15

V

values 价值观 42,43t,45

Valuing People White Paper（2001） 提升人们价值白皮书（2001） 168—9,170

violence 暴力 91—2,98,113,115

voluntary work 志愿工作 34

W

Wales 威尔士
    children's right 儿童权利 94
    healthcare 健康照顾 127,129
    social work organisation 社会工作机构 65,67,70,71

Winkel, G. 温克尔,G. 210

Wolfensberger, W. 沃弗森伯格,W. 175

women, violence against 女性,反暴力 91—2

world, differences in social work 世界,社会工作中的差异 9

Y

young carers 年轻的照顾者 137—8,189

young people see children and families 年轻人,参见儿童和家庭